REZEPTE! REZEPTE!! REZEPTE!!!

Sabine Lemb (Hrsg.)

Lachs, Thunfisch & Co.

FALKEN

Inhalt

Tipps zu den Rezepten 3

Lachs, Thunfisch & Co. 4

Rezeptteil

Suppen und Salate 10

Vorspeisen und kleine Gerichte 24

Hauptgerichte 38

Besonderes für Gäste 78

Rezeptverzeichnis nach Rubriken 92

Alphabetisches Rezeptverzeichnis 94

Tipps zu den Rezepten

Die Portionsangaben
Sofern nicht anders angegeben, sind alle Rezepte für 4 Personen berechnet.

Die Zubereitungszeiten
Sie beinhalten sowohl die Vorbereitungszeit als auch die Garzeit. Eventuelle Sonderzeiten, z. B. für das Gehen, Quellen oder Ruhen, sind gesondert aufgeführt.

Die Kalorienangaben
Sie beziehen sich in der Regel auf 1 Portion bzw. 1 Stück.

Die Zutatenmengen
Sie beziehen sich auf die ungeputzte Rohware. Sind Stückzahlen angegeben, wird von einem Stück mittlerer Größe ausgegangen.

Die Abkürzungen

EL	= Esslöffel (gestrichen)	getr.	= getrocknet
		TK	= Tiefkühlware
TL	= Teelöffel (gestrichen)	F.i.Tr.	= Fett in der Trockenmasse
Msp.	= Messerspitze	kcal	= Kilokalorien
Pr.	= Prise	ø	= Durchmesser
geh.	= gehäuft	Min.	= Minute(n)
gem.	= gemahlen	Std.	= Stunde(n)

Einleitung

Lachs, Thunfisch & Co.

Typisch Fisch

Bereits in prähistorischen Gesellschaften, lange bevor die Menschen Ackerbau und Viehzucht „erfunden" hatten, stellten Meeres- und Süßwasserfische einen wichtigen Anteil der menschlichen Ernährung dar. Fische waren leicht zu fangen und zuzubereiten. Und Fisch war billig. Im alten Ägypten, wo es ihn im Überfluss gab, war er sogar billiger als Brot. Fische wie Barben und Thunfisch waren schon damals überaus beliebt. Sie wurden über Holzkohlenfeuer gegrillt und mit Eiern serviert. Heute gehört der Thunfisch mit seinen drei Metern Länge weltweit zu den wichtigsten Nutzfischen überhaupt. Seine Koteletts sind zum Grillen oder Braten vorzüglich geeignet.

In der Frühgeschichte pökelten die Bewohner der Iberischen Halbinsel Anchovis, Sardinen und Kabeljau und exportierten sie bis nach Kleinasien. Auch im Japan des 9. Jahrhunderts wurde roher Fisch eingepökelt, und zwar so lange, bis sich ein säuerlicher Geschmack entwickelt hatte. Das machte den Fisch haltbar und schmeckte pikanter. Aus dieser Zubereitungsmethode entwickelte sich die heute auch in Europa sehr beliebte Sushi-Küche.

Im Schottland des 17. Jahrhunderts war der Lachs sehr beliebt, und als er immer seltener gefangen wurde, verbot ein Gesetz den Dienstboten, öfter als dreimal die Woche diesen köstlichen Fisch zu essen. Lachs wurde so zu einer teuren Delikatesse und war bald nur noch den Herrschaften vorbehalten.

Dank der Entstehung von Lachszuchten an den nordischen Küsten wurde Lachs erschwinglich. Echter Wildlachs ist dagegen selten geworden und nach wie vor sehr teuer. Er wird in Schottland und Irland, hauptsächlich im Juni und Juli, gefangen. Lachs wird gerne pochiert oder zu feinen Fischterrinen und -suppen verwendet. Eine Züchtung neuerer Zeit ist die Lachsforelle. Sie wurde aus der Regenbogenforelle und dem Lachs gezüchtet. Zubereitet wird sie wie Lachs.

Mit der Hochseefischerei waren die Zeiten vorbei, daß Fisch nur den Küstenbewohnern und den Reichen vorbehalten war. Seitdem erfreut sich Fisch größter Beliebtheit, und jedes Jahr wird mehr davon verzehrt. Besonders seit bekannt ist, dass Fisch hochwertiges Eiweiß, viele Mineralstoffe und Jod enthält und zudem kalorienarm ist.

Fisch kaufen

Frischer Fisch
Beim Kauf von Fisch sollten Sie unbedingt darauf achten, dass er frisch ist. Oft ist es sinnvoll, ganze Fische zu kaufen. Nicht nur, dass sie preiswerter sind als vorbereitete Stücke, sie sind auch leichter zu beurteilen. Sowohl Aussehen als auch Geruch lassen nämlich Rückschlüsse auf den Zustand des Fischs zu.

Ein frischer Fisch riecht angenehm, hat eine glänzende, pralle Haut, fest haftende, glitzernde Schuppen und klare, hervortretende Augen. Ist der Fisch nicht mehr frisch, wirkt seine Haut matt und farblos, seine Schuppen lassen sich leicht ablösen, die Augen sind stumpf.

Beim Kauf von Fischfilets gelten zum Teil ähnliche Kriterien. Die Filets und Scheiben müssen festes, glasig schimmerndes Fleisch haben. Sie dürfen keine angetrockneten Ränder und Verfärbungen aufweisen. Weißfisch sollte auch wirklich weiß sein. Fisch sollte baldmöglichst

zubereitet werden, da er schnell verdirbt. Kann er innerhalb eines Tages nicht verwendet werden, sollte man ihn einfrieren.

Tiefgekühlter Fisch
Da Fisch sofort nach dem Fang tiefgekühlt wird, kann man sicher sein, sich frische Ware ins Haus zu holen. Tiefgekühlter Fisch wird noch vor dem Gefrieren küchenfertig gemacht und erleichtert somit die Zubereitung ungemein. Am besten läßt man gefrorenen Fisch über Nacht im Kühlschrank auftauen.

Geräucherter Fisch
Fische räuchern ist eine altbewährte Methode der Konservierung. Die wohl bekanntesten Räucherfische sind der Aal, die Makrele und die Forelle. Immer beliebter wird aber auch der Räucherlachs. Zum Räuchern wird der frische Lachs ausgenommen und gesäubert, filetiert und dann in den kalten Rauch gehängt. Räucherlachs hat eine dunklere Farbe als frischer Lachs, sein Fleisch ist leicht transparent.

Fisch in der Küche

Schuppen
Vor dem Ausnehmen müssen die Fische geschuppt werden. Dazu werden zuerst die Flossen angehoben und mit einer Schere bis auf einen kleinen Rest abgeschnitten. Dann hält man den Fisch am Schwanzende fest und schabt mit einem Schupper oder mit der

Einleitung

stumpfen Seite eines Messers vom Schwanz zum Kopf hin die Schuppen ab. Dabei den Fisch immer wieder unter fließendem Wasser abwaschen.

Ausnehmen
Mit einer Schere oder einem scharfen Messer schneidet man die Bauchdecke von der Afteröffnung bis zum Kopf vorsichtig auf, wobei man dicht unter der Haut entlangfährt. Danach schneidet man die Eingeweide vom Schlund ab und löst sie mit der Hand heraus. Dann spült man den Fisch innen und außen sorgfältig ab.

Filetieren
Den geschuppten und ausgenommenen Fisch legt man auf eine große Arbeitsplatte und schneidet ihn mit einem scharfen Messer direkt hinter den Kiemen schräg bis zur Mittelgräte ein. Der gleiche Schnitt wird auf der anderen Seite wiederholt. Dabei wird dann die Mittelgräte durchgeschnitten. Entlang des Rückgrats wird die Haut vom Kopf bis zum Schwanz eingeschnitten. Dann fährt man mit dem Messer flach an der Mittelgräte entlang und trennt so das Fischfilet vom Kopf bis zum Schwanz von den Gräten. Dann wird der Fisch umgedreht, damit das zweite Fischfilet ebenfalls von der Mittelgräte gelöst werden kann.

Fischfilets entgräten und häuten
Wenn sich in den Filets noch kleinere Gräten oder ganze Bauchgräten befinden, zieht man sie mit einer Pinzette vorsichtig heraus. Zum Häuten schneidet man am Schwanzende ein kleines Stück Fleisch ab. Die jetzt überstehende Haut gut festhalten, dann das Messer sehr flach zwischen Haut und Filet ansetzen und das Filet mit leicht sägenden Schnitten von der Haut ablösen.

Dämpfen
Beim Dämpfen werden die Nährstoffe und das Aroma optimal bewahrt, zudem bleiben die Filets besonders zart und saftig. Die Filets werden gewürzt und im Dampftopf etwa 15 Minuten über wenig siedendem Wasser bei fest verschlossenem Deckel gedämpft. Während des Dämpfens darf der Dampf auf keinen Fall entweichen. Wer keinen Dampftopf hat, kann den Fisch auch zwischen zwei Teller legen, die in einem Topf mit siedendem Wasser stehen. Die Dämpfflüssigkeit nicht wegschütten! Sie ist eine gute Grundlage für eine passende Sauce.

Dünsten
Beim Dünsten gart der Fisch im eigenen Saft oder mit wenig zugesetzter Flüssigkeit. Auch diese Methode ist nährstoffschonend und erhält das Aroma. Zunächst wird der Fisch in wenig Fett angedünstet. Dann gibt man etwas Wasser, Fischfond oder Wein dazu und lässt den Fisch bei schwacher Hitze gar ziehen.

Einleitung

Pochieren
Pochiert wird in Flüssigkeiten wie Wasser, Wein, Fischbrühe oder Milch. Zunächst wird eine größere Menge der Flüssigkeit mit den vorgesehenen Würzzutaten zum Kochen gebracht, dann die Hitze reduziert und der Fisch hineingegeben. Man gibt nur so viel (bzw. einen so großen) Fisch auf einmal in den Topf, dass er frei „schwimmen" kann und ganz bedeckt ist. Der Topf muss anschließend gut verschlossen werden.

Braten
Fische oder Filets, die knusprig werden sollen, brät man in der Pfanne in Butter oder Öl bei kräftiger Hitze an und bei etwas reduzierter Hitze fertig, wobei man zweimal wendet. Aufgrund der starken Hitze schließen sich die Poren, und unter der Kruste bleibt der Fisch schön saftig. Man kann den Fisch auch zuvor in Mehl wenden. Dadurch erhält er eine schönere Farbe. Überschüssiges Mehl muss zuvor gut abgeschüttelt werden. Gebraten werden auch mit Ei und Semmelbröseln panierte Fische.

Schmoren
Schmoren ist eine Kombination von Braten und Dünsten. Diese Methode ist besonders für große Stücke oder ganze Fische zu empfehlen. Dafür wird der Fisch in Fett angebraten und anschließend in Flüssigkeit (Brühe, Wein) zugedeckt fertig gegart. Je nach Rezept kann saftiges Gemüse wie Tomaten mitgeschmort werden.

Im Backofen
Vor allem ganze Fische, große Filets oder Steaks eignen sich hervorragend zum Backen in einer feuerfesten Form. Der Fisch wird in die gefettete Form gelegt, je nach Rezept gewürzt, mit ein paar Kräutern belegt und mit Flüssigkeit begossen. Während des Backens wird der Fisch ab und zu mit der austretenden Flüssigkeit bepinselt.
Für das Backen in Alufolie wird der Fisch mit Gemüse, Kräutern und Gewürzen in Alufolie eingewickelt. Ist der Fisch sehr mager, sollte die Alufolie mit weicher Butter eingepinselt oder der Fisch mit Speck umwickelt werden. Aroma, Vitamine und Mineralstoffe bleiben bei dieser Methode besonders gut erhalten.

Schätze aus Meeren, Flüssen und Seen

Fisch – das ist leichte, vielfältige und aromatische Küche. Ob edel oder deftig, kombinieren Sie nach Lust und Laune mit Kräutern, Gewürzen und Gemüse.

Suppen und Salate

Klare Fischsuppe mit Paprika

würzig

- *Für 4 Personen*
- *Zubereitung: ca. 45 Min.*
- *ca. 250 kcal*
- *Dazu passt frisches Stangenweißbrot*

ZUTATEN

300 g Kabeljaufilet
100 g geschälte Tiefseegarnelen
1 Knoblauchzehe
1 Zwiebel
je ½ rote und grüne Paprikaschote
1 kleine Chilischote
1 Frühlingszwiebel
2 EL kaltgepresstes Olivenöl
1¼ l Fischfond (Glas)
125 ml trockener Wermut (z. B. Noilly Prat)
Salz, bunter Pfeffer
12 Kirschtomaten

1. Das Kabeljaufilet waschen, trockentupfen und mundgerecht würfeln. Die Garnelen vom Darm befreien, waschen und abtropfen lassen.

2. Den Knoblauch und die Zwiebel schälen und fein würfeln. Die Paprikaschoten und die Chilischote waschen, putzen, entkernen und fein würfeln. Die Frühlingszwiebel waschen, putzen und in feine Ringe schneiden.

3. Das Öl erhitzen, das Gemüse darin anschwitzen, abtropfen lassen und mit dem Fond in einem Topf etwa 2 Minuten köcheln lassen. Noilly Prat, Salz und Pfeffer hinzufügen. Die Suppe vom Herd nehmen. Fisch und Garnelen dazugeben, mit Salz und Pfeffer abschmecken und etwa 8 Minuten ziehen lassen.

4. Die Tomaten blanchieren, abschrecken, enthäuten und von den Stielansätzen befreien. Auf 4 Teller verteilen und die Suppe darüber gießen.

TIPPS

- *Die Fischsuppe sollte direkt nach dem Zubereiten serviert und gleich gegessen werden. Sie lässt sich nicht gut warm halten und kann nicht aufgewärmt werden.*
- *Wollen Sie die Suppe zu besonderen Gelegenheiten servieren, dann bereiten Sie sie statt mit Kabeljau mit Hummer und anderen Meeresfrüchten wie Garnelen und Miesmuscheln zu.*

Klare Fischsuppe mit Paprika

Kurkumasuppe mit Lachs

kräftig

- Für 4 Personen
- Zubereitung:
  ca. 1 Std. 30 Min.
- ca. 345 kcal

ZUTATEN

2 Zwiebeln
1 säuerlicher Apfel (Boskop)
2 Tomaten
3 EL Butter
50 g Reis
2 EL Kurkuma
1 l Lachsfond (siehe S. 14)
1 TL Meersalz
Pfeffer aus der Mühle
200 g Lachsfilet ohne Haut
1 Bund glatte Petersilie

1. Die Zwiebeln schälen und in Scheiben schneiden. Den Apfel entkernen, mit den Tomaten in Würfel schneiden.

2. Zwiebeln, Apfel und Tomaten in der Butter andünsten. Den Reis und die Kurkuma dazugeben, den Lachsfond angießen und alles etwa 45 Minuten sanft köcheln lassen.

3. Die Suppe pürieren und durch ein Sieb passieren. Mit Salz und Pfeffer abschmecken.

4. Das Lachsfilet in etwa 1,5 cm große Würfel schneiden und in der heißen Suppe etwa 5 Minuten ziehen lassen. Die Suppe mit der Petersilie garnieren.

KURKUMA

Kurkuma, auch Gelbwurzel genannt, ist ein hellgelbes Gewürz, das aus den getrockneten Wurzeln eines in Südostasien beheimateten Liliengewächses gewonnen wird. Sein Geschmack ist mild und bitter-süß. Kurkuma ist als Pulver oder als getrocknete Wurzel erhältlich. Für die Suppe eignet sich am besten das Pulver.

Suppen und Salate

Fischsuppe mit Chili-Safran-Sauce

maritim

- *Für 4 Personen*
- *Zubereitung: ca. 50 Min.*
- *ca. 1090 kcal*

ZUTATEN

Für die Suppe
1 kg küchenfertiger Seeteufel oder Meerbrasse (ersatzweise TK-Ware)
4 große Tomaten
3 Zwiebeln
2 EL Olivenöl
5 Knoblauchzehen
etwas getr. Fenchelkraut
1 große Msp. Safran (0,3 g)
5 EL Anisschnaps
Salz, schwarzer Pfeffer
2 l Wasser

Für die Sauce
1 rote Chilischote (oder ½ TL Cayennepfeffer)
3 Knoblauchzehen
1 Msp. Safran (0,2 g)
1 kleine mehligkochende Kartoffel, in der Schale gekocht
ca. 200 ml Olivenöl
Salz

Außerdem
Baguette
100 g geriebener Parmesan

1. Für die Suppe die küchenfertigen Fische eventuell schuppen und sorgfältig von außen und innen mit kaltem Wasser abspülen. Köpfe und Schwänze abschneiden, das Fischfleisch in größere Stücke schneiden.

2. Die Tomaten waschen, mit Küchenpapier trockentupfen und in Viertel schneiden, dabei die Stielansätze und Kerne entfernen. Die Zwiebeln schälen und fein hacken. Das Olivenöl in einem großen Topf erhitzen und die Zwiebeln darin in 3 Minuten glasig dünsten.

3. Den Fisch hinzugeben und alles etwa 5 Minuten bei mittlerer Hitze unter mehrmaligem Wenden anbraten. Den Knoblauch schälen, grob hacken und mit den Tomatenvierteln zu den Fischstücken geben.

4. Fenchelkraut, Safran und Anisschnaps in den Topf geben. Nach Geschmack salzen und pfeffern, mit Wasser aufgießen. Die Suppe aufkochen lassen, dann bei mittlerer Hitze etwa 20 Minuten offen köcheln lassen. Dabei ab und zu umrühren.

5. Inzwischen die Sauce zubereiten. Die Chilischote halbieren, den Stielansatz und die Kerne entfernen. Die Schotenhälften zusammen mit dem geschälten Knoblauch und dem Safran in einen Mörser geben und alles fein zerstoßen.

6. Die Kartoffel pellen, grob würfeln, zum Knoblauch geben und alles fein zerdrücken. Ein paar Tropfen Olivenöl zugeben und alles mit dem Schneebesen glatt rühren. Wenn die Masse glatt und homogen ist, das restliche Öl in dünnem Strahl dazugießen und alles dick rühren. Die Sauce mit Salz abschmecken und kalt stellen.

7. Ein feines Sieb über einen zweiten großen Topf hängen. Die Fischstücke, das Gemüse und die Flüssigkeit mit einem Holzlöffel durch das Sieb streichen. Die Suppe abschmecken und warm halten.

8. Das Baguette in feine Scheiben schneiden und rösten. Die Suppe auf vier Suppenteller verteilen, je eine Brotscheibe obenauf legen, diese mit Sauce und dem Parmesan garnieren, servieren.

Suppen und Salate

Lachsconsommé mit Gemüse

delikat

- *Für 4 Personen*
- *Zubereitung: ca. 1 Std. 30 Min.*
- *ca. 355 kcal*

ZUTATEN

300 g Suppengrün (Bouquet garni)
200 g Abschnitte vom Lachsfilet
4 Eiweiß
100 ml trockener Weißwein
1 EL Tomatenmark
1 l Lachsfond
½ Zwiebel
1 Lorbeerblatt
1 Pr. Cayennepfeffer
2 TL Meersalz
200 g Lachsfilet
1 Bund Kerbel

1. Das Suppengrün waschen, putzen und gegebenenfalls schälen. Die Hälfte davon mit den Lachsabschnitten durch einen Fleischwolf drehen. Mit den Eiweißen, einigen Eiswürfeln, dem Weißwein und dem Tomatenmark mischen.

2. Den Lachsfond in einem Topf erhitzen, die Fischmasse in den noch kalten Fond rühren und alles langsam unter ständigem Rühren aufkochen lassen.

3. Die Schnittfläche der Zwiebel auf einer Herdplatte oder in einer Pfanne dunkelbraun rösten und mit dem Lorbeerblatt in die Suppe geben. Das Ganze etwa 30 Minuten leicht köcheln lassen.

4. Dann die Suppe mit Cayennepfeffer und Salz abschmecken und durch ein feines Tuch passieren.

5. Das restliche Suppengrün in kleine Würfel schneiden, in die Suppe geben und alles nochmals aufkochen lassen.

6. Kerbelblättchen von den Zweigen zupfen. Das Lachsfilet in feine Scheiben schneiden und mit den Kerbelblättern in die Suppe geben. Alles kurz durchziehen lassen, dann heiß servieren.

TIPP

- *Lachsfond können Sie fertig in Gläsern kaufen. Sie können ihn aber auch selbst herstellen: Schwitzen Sie 300 g Zwiebeln sowie insgesamt 500 g Fenchel, Lauch und Sellerie mit 4 Esslöffeln Olivenöl in einem großen Topf an und löschen Sie dann mit 300 ml Weißwein ab. Geben Sie 2 kg Lachsgräten, -schwänze und -köpfe ohne Kiemen, etwas Dill und Estragon sowie 3 Liter Wasser dazu. Kurz aufkochen und etwa 30 Minuten köcheln lassen. Zum Schluss seihen Sie den Fond durch ein Sieb ab.*

Klare Schollenkraftbrühe mit Kräuter-Crème-fraîche

Klare Schollenkraftbrühe mit Kräuter-Crème-fraîche

gelingt leicht

- *Für 4 Personen*
- *Zubereitung: ca. 30 Min.*
- *ca. 380 kcal*

ZUTATEN

100 g Champignons
1 Lauchstange
100 g Fenchel
100 g Möhren
100 g Sellerie
1 Kartoffel (100 g)
2 EL Petersilie
1 Knoblauchzehe
2 l Fischfond
0,2 l trockener Weißwein
Salz, Pfeffer
16 Schollenfilets (in Stücken)

Für die Kräuter-Crème-fraîche
150 g Crème fraîche
3 EL gehackte Kräuter
(Dill, Basilikum, Petersilie, Majoran)

1. Das Gemüse gegebenenfalls schälen und putzen. Die Pilze und den Lauch in Scheiben schneiden, alles andere Gemüse in Würfel. Die Petersilie waschen, die Knoblauchzehe schälen und beides fein hacken.

2. Fischfond, Weißwein, Gemüse, Gewürze und Kräuter in einem Topf aufkochen und etwa 15 bis 20 Minuten leise köcheln lassen.

3. Die Schollenfiletstücke hinzufügen und bei geringer Hitze etwa 5 Minuten ziehen lassen.

4. Crème fraîche mit den gehackten Kräutern vermischen und zur Fischsuppe servieren.

Suppen und Salate

Mediterraner Fischtopf

rustikal

- *Für 6 Personen*
- *Zubereitung: ca. 1 Std.*
- *ca. 490 kcal*
- *Dazu passt Weißbrot*

ZUTATEN

2 Stangen Staudensellerie
1 Stange Lauch
1 kleine Fenchelknolle
4 Fleischtomaten
5 Zweige glatte Petersilie
1 Knoblauchknolle
1 Zweig Oregano
300 g Rotbarschfilet
1 kg gemischte Mittelmeerfische (Dorade, Brasse, frische Sardinen)
1 l Fischfond
3 EL Olivenöl
Salz, schwarzer Pfeffer
1 EL Paprikapulver
1 Zweig Estragon
Saft von 1/2 Zitrone

1. Sellerie, Lauch und Fenchel putzen, in feine Scheiben schneiden. Die Tomaten enthäuten, entkernen, in grobe Würfel schneiden. Petersilienblätter von den Stielen zupfen und beides separat mittelfein hacken. Knoblauchknolle in Zehen teilen. Die Oreganoblätter von den Zweigen rebeln.

2. Alle Fische außer den Sardinen entgräten. Dazu mit einen scharfen Messer Kopf und Schwanz abschneiden, dann von der Rückenflosse her einschneiden und an der Mittelgräte entlang das Fleisch abschaben. Filets mit der Haut nach unten auf ein Brett legen und an der dünnen Seite mit einem Küchentuch anfassen. Das Fleisch von der dünnen Seite her von sich weg aus der Haut schneiden. In große, aber mundgerechte Stücke teilen.

3. Den Fischfond erhitzen, die Gräten grob zerhacken. Alle Fischabfälle 10 Minuten auf kleinster Flamme im Fischfond ziehen lassen. Fond durch ein feines Sieb gießen und salzen.

4. Das Öl in einem gusseisernen Bräter erhitzen. Gemüse (außer den Tomaten) sowie Petersilienstiele portionsweise glasig dünsten. Jede Portion mit etwas Oregano, Knoblauch, Salz und Pfeffer würzen. Alles Gemüse wieder in den Bräter zurückgeben, mit Paprika bestäuben und mit dem Fischfond aufgießen. Die Tomatenwürfel dazugeben, aufkochen, vom Feuer nehmen.

5. Fischstücke, Sardinen und den Estragonzweig einlegen und auf kleinster Flamme 15 Minuten ziehen lassen. Estragon entfernen. Mit dem Zitronensaft beträufeln und mit Petersilienblättern bestreuen.

Nudel-Lachs-Salat auf Gurken

Nudel-Lachs-Salat auf Gurken

sommerlich

- *Für 4 Personen*
- *Zubereitung: ca. 30 Min.*
- *ca. 450 kcal*
- *Dazu passt Bauernbrot mit Butter*

ZUTATEN

**200 g Spiralnudeln
je 1 große und kleine
 Salatgurke
1 kleine Dose Mais
200 g Räucherlachs
1½ Zitronen
150 g Joghurt
150 g Crème fraîche
1 TL Senf
Zucker, Salz, Pfeffer
½ Bund Dill
4 Radieschen**

1. Die Spiralnudeln nach Packungsanweisung in reichlich Salzwasser bissfest garen, abgießen, abtropfen und abkühlen lassen.

2. In der Zwischenzeit die kleinere Gurke waschen, schälen und längs halbieren. Die Kerne mit einem Löffel herauskratzen. Die Gurkenhälften würfeln. Den Mais abtropfen lassen und mit den Gurkenwürfeln zu den Spiralnudeln geben.

3. Den Räucherlachs in Würfel schneiden und vorsichtig unter die Nudeln mischen.

4. Für die Sauce ½ Zitrone auspressen. Den Saft mit Joghurt, Crème fraîche und Senf verrühren. Die Sauce mit Zucker, Salz und Pfeffer abschmecken. Das Dressing unter die Nudel-Lachs-Mischung geben.

5. Den Dill waschen und trockentupfen, Blätter von den Stielen zupfen, fein hacken und unter den Salat heben.

6. Die große Gurke quer und längs halbieren. Die Kerne herauskratzen. Auf jeden Teller ein Gurkenviertel setzen und mit dem Salat füllen. Mit Radieschen und Zitrone dekorieren.

Suppen und Salate

Fruchtiger Fischsalat

kalorienarm

- *Für 4 Personen*
- *Zubereitung: ca. 45 Min.*
- *ca. 175 kcal*
- *Dazu passen knusprige Brötchen*

ZUTATEN

500 g frische Ananas
1 Pfirsich
2 Kiwis
250 g Rotbarschfilet
1/8 l Weißwein
4 EL Ananassaft
1 EL Limettensaft
Salz
60 g geriebener Meerrettich
100 g Joghurt
2 EL Sahne
1 EL Tomatenketchup
weißer Pfeffer

1. Schopf und Stielansatz der Ananas entfernen. Die Frucht der Länge nach vierteln. Von jedem Viertel den harten Strunk sowie die Schale abschneiden. Das Fruchtfleisch in 1 cm große Stücke schneiden.

2. Den Pfirsich über Kreuz einritzen, etwa 15 Sekunden überbrühen, abschrecken und enthäuten. Die Frucht halbieren, entkernen und in Spalten schneiden.

3. Die Kiwis schälen, längs halbieren, in Scheiben schneiden und diese nochmals halbieren.

4. Das Fischfilet kurz unter kaltem Wasser abspülen, gründlich trockentupfen und in kleine Würfel schneiden.

5. Weißwein, Ananas- und Limettensaft mit etwas Salz in einem Topf aufkochen lassen, Hitze reduzieren. Die Fischwürfel hineingeben und 4 bis 5 Minuten ziehen lassen. Die Flüssigkeit darf nicht kochen. Den Fisch im Sud abkühlen lassen.

6. Die Fischstücke mit einer Schaumkelle aus dem Sud heben, gut abtropfen lassen und mit dem Obst in einer großen Salatschüssel vermischen. Vom Sud 2 bis 3 Esslöffel abnehmen und beiseite stellen.

7. Den Meerrettich mit Joghurt, Sahne, Tomatenketchup und Fischsud zu einer cremigen Sauce verrühren. Mit Salz und Pfeffer abschmecken. 1 bis 2 Esslöffel der Sauce über den Salat geben, den Rest getrennt dazu reichen.

Lachssalat mit Champignons

Lachssalat mit Champignons

aromatisch

- Für 4 Personen
- Zubereitung: 15 Min.
- ca. 375 kcal
- Dazu passt Graubrot

ZUTATEN

1 Kopf Radicchio
2 Chicoréestauden
2 EL gehackte Schalotten
2 EL gehackter Estragon
1 TL Senf
4 EL Sherryessig
6 EL Olivenöl
1 TL Meersalz
Pfeffer aus der Mühle
200 g Champignons
400 g Lachsfilet ohne Haut

1. Den Radicchio putzen, verlesen, waschen und trockenschleudern. Vom Chicorée die Blätter abziehen, waschen und ebenfalls trockenschleudern.

2. Schalotten, Estragon und Senf mit Essig und 4 Esslöffeln Olivenöl verrühren. Mit Salz und Pfeffer würzen.

3. Die Champignons putzen und in Scheiben schneiden. Vom Lachs das graue Fleisch abschneiden und das Filet in fingergroße Stücke schneiden.

4. Die restlichen 2 Esslöffel Olivenöl in einer Pfanne erhitzen und die Lachsstücke sowie die Champignons darin bei mittlerer Hitze etwa 3 Minuten braten. Mit Salz und Pfeffer würzen.

5. Den Salat mit dem Dressing vorsichtig vermengen und den Inhalt der Pfanne darauf verteilen.

Suppen und Salate

Lauwarmer Kartoffel-Spargel-Salat mit Catfish

delikat

- *Für 4 Personen*
- *Zubereitung: ca. 50 Min.*
- *ca. 520 kcal*

ZUTATEN

600 g Kartoffeln
300 g grüner Spargel
Salz
1 Bund Brunnenkresse (125–150 g)
6–8 EL Zitronensaft
je 1 TL grober und mittelscharfer Senf
1 Msp. Kurkuma
4–6 EL Öl
20 g Butter oder Margarine
500 g Catfish
Pfeffer aus der Mühle
Zitrone zum Garnieren

1. Die Kartoffeln waschen und in der Schale etwa 20 Minuten garen. Den Spargel waschen, das untere Drittel schälen und die holzigen Enden abschneiden. Spargel in etwa 5 cm lange Stücke schneiden und in Salzwasser etwa 8 Minuten garen. Abtropfen lassen.

2. Die Brunnenkresse waschen, trockentupfen und in mundgerechte Stücke schneiden. Zitronensaft, Senf, Kurkuma und etwas Salz verrühren, das Öl darunter schlagen. Kartoffeln abgießen, kalt abschrecken, pellen und in Würfel schneiden.

3. Das Fett in einer Pfanne erhitzen und den Catfish unter Wenden darin etwa 3 Minuten braten. Mit Salz und Pfeffer würzen und herausnehmen.

4. Den Bratensatz mit der Senfsauce ablöschen, Kartoffeln und Spargel zugeben und kurz darin schwenken.

Fisch und ¾ der Brunnenkresse unterheben, mit Salz und Pfeffer abschmecken und auf einer Platte anrichten. Mit der restlichen Brunnenkresse und Zitrone garniert servieren.

TIPP

Mit frischem Baguette oder frischen Brötchen serviert, können Sie dieses Gericht auch als Hauptmahlzeit zum Mittag- oder Abendessen reichen.

CATFISH

Zu der Familie der Süßwasser-Catfishs gehören der Zwergwels, der Kanalwels, der Blue Catfish und der Yellow Cat. Auch unter den Meeresfischen gibt es Catfish-Arten: den Seewolf und den Pazifischen Seewolf.

Suppen und Salate

Salat vom Rochenflügel

originell

- *Für 4 Personen*
- *Zubereitung: ca. 40 Min.*
- *ca. 300 kcal*

ZUTATEN

1 Bund Löwenzahn
1 Kopf Lollo rosso
1 Bund Radieschen
100 g Shiitake-Pilze
100 g frische Sojasprossen
2 EL Erdnussöl
Saft von 1 Zitrone
2 EL japanische Sojasauce
1 TL Reis- oder Weißweinessig
2 EL Sesamöl
Salz, schwarzer Pfeffer aus der Mühle
1 Msp. Cayennepfeffer
4 filetierte Rochenflügel
250 g gekochte Brokkoliröschen

1. Allen Salat putzen, waschen und trockenschleudern, in kleine Stücke zupfen. Die Radieschen raffeln.

2. Die Shiitake-Pilze in Streifen schneiden und mit den Sojasprossen in 1 Esslöffel Erdnussöl kurz andünsten, herausnehmen.

3. Für die Sauce Zitronensaft, Sojasauce, Essig und Sesamöl gut verrühren. Mit Salz, Pfeffer und Cayennepfeffer würzen.

4. Die Rochenflügel mit Salz und Pfeffer bestreuen und im restlichen Erdnussöl von beiden Seiten kurz anbraten. Herausnehmen und das Rochenfleisch von den Gräten lösen.

5. Die Brokkoliröschen klein schneiden und in die Sauce geben. Rochenfleisch mit Salat, Pilzen und Sojasprossen auf Tellern anrichten. Jede Portion mit Sauce beträufeln.

TIPP

■ Anstelle der frischen Rochenflügel können Sie auch Tiefkühlware verwenden. Tiefgekühlte Rochenflügel erhalten Sie in Asienläden.

ROCHENFLÜGEL

Der Rochen ist ein flacher Fisch mit großen flügelartigen Brustflossen und einem langen Schwanz, der mit Dornen versehen sein kann. Er lebt an den Küsten des Atlantiks und des Mittelmeeres. Rochen zeichnet sich durch sein mageres, aromatisches Fleisch aus. Im Handel sind nur die »Flügel« des Rochens zu kaufen.

Thunfischsalat

Thunfischsalat

fein-würzig

- *Für 4 Personen*
- *Zubereitung: ca. 30 Min. (plus ca. 30 Min. Zeit zum Durchziehen)*
- *ca. 450 kcal je Portion*

ZUTATEN

250 g gelbe Paprikaschoten
2 rote Zwiebeln
250 g Kirschtomaten
150 g mit Paprika gefüllte grüne Oliven
200 g Thunfisch in Öl
50 g Mayonnaise
4 EL Sahne
2 EL Chilisauce
Saft von 1 Zitrone
Salz, schwarzer Pfeffer
1 Pr. Zucker
1/2 Friséesalat

1. Die Paprikaschoten waschen, halbieren, entkernen, vom Stielansatz befreien und in kleine Würfel schneiden. Die Zwiebel schälen und in sehr dünne Ringe schneiden.

2. Die Kirschtomaten waschen, putzen, trockenreiben und halbieren. Die Oliven gründlich abtropfen lassen.

3. Den Thunfisch ebenfalls sehr gut abtropfen lassen, grob zerteilen und mit den anderen vorbereiteten Salatzutaten mischen.

4. Die Mayonnaise mit der Sahne, der Chilisauce und dem Zitronensaft in einer kleinen Schüsel verrühren. Das Ganze mit Salz, Pfeffer und Zucker abschmecken. Das Dressing über den Salat gießen, vorsichtig unterheben und alles zugedeckt etwa 30 Minuten kühl stellen.

5. Den Friséesalat putzen und waschen. Die Blätter von den festen Rippen befreien und gut abtropfen lassen. Eine große Schüssel mit den Salatblättern auslegen und den Thunfischsalat darauf verteilen.

Vorspeisen und kleine Gerichte

Lachs-Kabeljau-Pastete in Blätterteig

exklusiv

- *Für 6 Personen*
- *Zubereitung: ca. 1 Std. 30 Min.*
- *ca. 280 kcal*
- *Dazu passt ein gemischter Salat*

ZUTATEN

750 g Spinat
1 Zwiebel
1 Knoblauchzehe
1 EL Butter oder Margarine
Salz, Pfeffer aus der Mühle
2 Lachsfilets (je ca. 250 g)
200 g Kabeljaufilet
2 EL Zitronensaft
2–3 EL Limettensaft
3 EL Crème fraîche
1 Packung Blätterteig (ca. 250 g)
1 Eigelb
2 EL Pinienkerne
Salat für die Garnitur

1. Den Spinat putzen, waschen und abtropfen lassen. Zwiebel und Knoblauch schälen und fein hacken, im heißen Fett andünsten. Spinat zugeben und zusammenfallen lassen. Mit Salz und Pfeffer würzen, alles in einem Sieb gut abtropfen lassen.

2. Die Fischfilets waschen und trockentupfen. Den Lachs mit Zitronensaft beträufeln und salzen. Den Kabeljau fein würfeln, mit Limettensaft und Crème fraîche fein pürieren. Mit Salz und Pfeffer würzen.

3. Den Blätterteig dünn ausrollen. Eine Kastenform (25 x 9 cm) mit Backpapier und Blätterteig auslegen, Teig dabei überlappen lassen. Lachsfilet, Spinat, Kabeljaufarce, Spinat und Lachs in dieser Reihenfolge einschichten. Teig über der Füllung zusammenschlagen, mit verquirltem Eigelb bestreichen und mit Pinienkernen bestreuen.

4. Den Backofen auf 225 °C vorheizen (Gas: Stufe 4) und die Pastete auf der mittleren Schiene etwa 45 Minuten backen. Wenn der Teig braun wird, mit Folie bedecken. Etwa 30 Minuten in der Form auskühlen lassen, herausnehmen und weitere 2 Stunden ruhen lassen.

TIPP

- *Dieses Gericht ist zwar etwas zeitaufwendig, dafür lässt es sich prima vorbereiten. Wenn Sie die Pastete bereits am Tag vorher zubereiten, dann lassen Sie sie einfach in der Form im Kühlschrank ruhen.*

Vorspeisen und kleine Gerichte

Thunfisch-Blumenkohl-Kuchen

deftig

- *Für 1 Backblech 36 x 45 cm*
- *Zubereitung: ca. 2 Std. (plus ca. 30 Min. Ruhezeit)*
- *ca. 870 kcal*

ZUTATEN

450 g Mehl
1 TL Salz
225 g kalte Butter
3 Eier
1 Blumenkohl
Saft und abgeriebene Schale einer unbehandelten Zitrone
Erbsen zum Blindbacken
weißer Pfeffer
150 g Sahne
¼ l Milch
2 Eigelb
4 EL fein gehackte Petersilie
scharfes Paprikapulver
300 g Thunfisch (Dose, in Öl eingelegt)

1. Für den Teig Mehl, Salz, Butter und 1 Ei vermischen. Alles zu einer homogenen Masse zusammendrücken, aber nicht kneten, in Klarsichtfolie einwickeln und etwa 30 Minuten kühl stellen.

2. Inzwischen den Blumenkohl putzen, waschen und in Röschen zerteilen. Portionsweise in reichlich kochendem, mit Zitronensaft versetztem Wasser etwa 4 Minuten blanchieren. Die Röschen abschrecken, gut abtropfen lassen, salzen und pfeffern. Den Backofen auf 200 °C vorheizen. Ein Blech mit Butter ausfetten.

3. Den Teig auf einer bemehlten Arbeitsfläche ausrollen und auf das Backblech legen, dabei einen Rand formen. Den Boden mehrmals einstechen und etwa 5 Minuten auf der untersten Schiene blind backen.

4. Sahne, Milch, 2 Eier, Eigelbe, Petersilie und Zitronenschale verquirlen und mit Salz, Pfeffer und Paprikapulver würzen. Den Fisch abtropfen lassen, etwas zerpflücken und mit dem Blumenkohl auf dem Teig verteilen. Den Guß darüber geben. Den Kuchen auf der untersten Schiene etwa 35 Minuten backen.

TIPPS

- *Lassen Sie den Thunfisch unbedingt gut abtropfen. Tupfen Sie ihn eventuell leicht trocken, damit der Kuchen nicht zu fettig wird und nicht so leicht durchweicht.*
- *Zum Blindbacken legen Sie Backpapier oder Alufolie auf den Teig und beschweren das Ganze mit getrockneten Erbsen oder Bohnen.*

Thunfisch-Blumenkohl-Kuchen

Quiche von Edelfisch

delikat

- *Für 1 Quicheform 26 cm ø*
- *Zubereitung: ca. 1 Std. 45 Min.*
- *ca. 930 kcal*
- *Dazu passen Salate der Saison*

ZUTATEN

4 kleine Kartoffeln
4 Frühlingszwiebeln
200 g Lachsfilet
200 g Zanderfilet
Salz, schwarzer Pfeffer
etwas Zitronensaft
1 EL Butter
1 Packung Mürbeteig
  (Fertigprodukt)
Erbsen zum Blindbacken
50 g gewürfelter Butterkäse
50 g geschälte Krabben
200 g Crème fraîche

3 Eier
2 EL trockener Wermut
3 EL gehackte Petersilie

1. Die Kartoffeln etwa 20 Minuten in der Schale garen. Die Zwiebeln putzen, waschen und in etwa 1 cm lange Stücke schneiden. Die Fischfilets waschen, trockentupfen und in kleine Scheiben schneiden. Mit Salz, Pfeffer und Zitronensaft würzen.

2. Den Backofen auf 220 °C vorheizen. Den Teig ausrollen. Die Form mit Butter ausfetten und mit Teig auslegen, den Boden mit einer Gabel mehrmals einstechen. Erbsen einfüllen und auf der untersten Schiene 5 Minuten blind backen. Etwas abkühlen lassen.

3. Die Kartoffeln pellen und in Scheiben schneiden. Die Krabben waschen und abtropfen lassen.

4. Kartoffelscheiben auf den Teig legen, salzen, pfeffern und mit Käse bestreuen. Fisch, Krabben und Frühlingszwiebeln dekorativ darauf verteilen.

5. Crème fraîche, Eier, Wermut und Kräuter zu einem Guss verrühren, mit Pfeffer und Salz würzen und auf den Belag gießen. Die Quiche auf der unteren Schiene etwa 30 Minuten backen.

Vorspeisen und kleine Gerichte

Thunfisch-Teigtaschen

braucht etwas Zeit

- *Für 12 Stück*
- *Zubereitung: 45 Min. (plus 2 Std. Ruhezeit)*
- *ca. 860 kcal*
- *Dazu passt ein gemischter Salat*

ZUTATEN

Für den Teig
300 g Mehl
½ TL Backpulver
Salz
100 g Butter
1 Ei

Für die Füllung
250 g Tomaten
1 Knoblauchzehe
3 EL Olivenöl
Salz
1 Pr. Zucker
1 EL Mehl
1 TL Paprikapulver
250 g Thunfisch
   (Dose, naturell eingelegt)
2 Paprikaschoten
Öl zum Fritieren

1. Die Teigzutaten mit ⅛ l Wasser verkneten. Den Teig in einem Tuch eingeschlagen 2 Stunden ruhen lassen.

2. Die Tomaten klein würfeln, die Knoblauchzehe schälen und zerdrücken. Öl erhitzen, Knoblauch darin anbräunen. Tomaten, Salz, Zucker hinzufügen und alles etwa 10 Minuten dünsten. Mit Mehl bestäuben und mit Paprikapulver würzen.

3. Den Thunfisch abtropfen lassen, zerpflücken, zu den Tomaten geben und 5 Minuten mitschmoren. Die Paprikaschoten unter dem Grill schwarz rösten, die Haut abziehen, das Fruchtfleisch klein würfeln und zur Füllung geben.

4. Den Teig auf einer bemehlten Arbeitsfläche 3 bis 4 mm dick ausrollen und runde Scheiben ausstechen. Je 1 Esslöffel Füllung darauf geben, die Scheiben zusammenklappen und die Ränder fest zusammendrücken.

5. Das Öl auf 180 °C erhitzen. Die Teigtaschen darin goldbraun fritieren, abtropfen lassen. Heiß oder kalt servieren.

TIPP

- *Die Thunfisch-Teigtaschen lassen sich prima vorbereiten und sind ein leckeres Gericht für größere Feste. Sollen sie warm serviert werden, dann einfach im Backofen bei 180 °C etwa 10 Minuten erwärmen.*

Thunfisch-Sandwich „Black Hills"

Thunfisch-Sandwich „Black Hills"

schnell

- Für 4 Personen
- Zubereitung: ca. 20 Min.
- ca. 360 kcal

ZUTATEN

30 g Mayonnaise
1 EL Joghurt
½ TL getr. Provence-Kräuter
Salz, schwarzer Pfeffer aus der Mühle
4 große Kopfsalatblätter
2 Tomaten
50 g Sonnenblumenkerne (z. B. USA-Sonnenblumenkerne)
2 Schalotten
200 g Thunfisch (Dose, naturell eingelegt)
1–2 EL Zitronensaft
4 Scheiben Pumpernickel oder Vollkornbrot
4 Scheiben Kastenweißbrot oder Toastbrot

1. Die Mayonnaise mit dem Joghurt und den Kräutern verrühren, salzen und pfeffern.

2. Die Salatblätter waschen und gut trockenschleudern. Die Tomaten waschen und in Scheiben schneiden. Die Sonnenblumenkerne grob hacken. Die Schalotten schälen und in feine Würfelchen schneiden.

3. Den Thunfisch abtropfen lassen und mit zwei Gabeln fein zerpflücken, mit Zitronensaft, Schalotten, Sonnenblumenkernen, Salz und Pfeffer vermischen.

4. Die Pumpernickelscheiben mit Joghurt-Mayonnaise bestreichen, darauf die Salatblätter wie kleine Schüsseln legen und das Thunfischtatar einfüllen. Mit Tomatenscheiben belegen, etwas salzen und pfeffern, mit den Weißbrotscheiben abdecken.

TIPP

- *Rösten Sie die Sonnenblumenkerne in einer trockenen Pfanne an, dann sind sie noch knuspriger.*

Vorspeisen und kleine Gerichte

Empanada mit Thunfisch-Paprika-Füllung

knusprig

- Für 8 Personen
- Zubereitung: ca. 1 Std. (plus ca. 1 1/2 Std. Ruhezeit)
- ca. 220 kcal je Portion

ZUTATEN

Für die Füllung
**1 rote Paprikaschote
1 Zwiebel
2 Knoblauchzehen
5 EL Olivenöl
2 EL gehackte Petersilie
Salz
schwarzer Pfeffer
1 TL Paprikapulver
150 g Fischfilet,
   z. B. Thunfisch**

Für den Teig
**10 g Hefe
100 ml lauwarmes Wasser
175 g Mehl
1/2 TL Salz
1 EL Olivenöl**

Außerdem
**Mehl für die Arbeitsfläche
1 EL Olivenöl**

1. Backofen auf 200 °C vorheizen. Paprikaschote auf einem Rost rösten, bis die Haut große braune Blasen bekommt. Anschließend in einer Plastiktüte etwa 30 Minuten liegen lasen. Die Haut abziehen. Paprikaschote halbieren und entfernen.

2. Die Hefe mit etwa 2 Esslöffeln Wasser verrühren. In einer Schüssel das Mehl mit dem Salz mischen. Die restliche Flüssigkeit, die angerührte Hefe und das Öl dazugießen. Alles 5–10 Minuten lang zu einem geschmeidigen Teig verkneten. Den Teig zugedeckt an einem warmen Ort etwa 1 1/2 Stunden gehen lassen.

3. Die Paprikaschote klein würfeln. Die Zwiebel und den Knoblauch schälen und fein hacken.

4. In einer Pfanne 3 Esslöffel Olivenöl erhitzen, Zwiebel, Knoblauch und Petersilie darin andünsten. Die Paprikawürfel dazugeben und untermischen. Mit Salz, Pfeffer und Paprikapulver würzen und erkalten lassen.

5. Das Fischfleisch würfeln und mit dem restlichen Olivenöl zur Paprikamischung geben.

6. Den Teig halbieren und auf einer bemehlten Arbeitsfläche etwa 5 mm dünn und rund ausrollen, mit einer Gabel mehrmals einstechen. Die Füllung auf eine Hälfte des Teigs verteilen, dabei einen etwa 1 cm breiten Rand frei lassen. Den Teig über die Füllung schlagen, den Rand gut andrücken.

7. Ein Backblech mit Olivenöl fetten. Die Empanada darauf legen und auf der mittleren Schiene etwa 25 Minuten backen. In Stücke schneiden und warm servieren.

Empanada mit Thunfisch-Paprika-Füllung

Räucherlachs-Wrap

für Gäste

- Für 4 Personen
- Zubereitung: ca. 30 Min.
- ca. 560 kcal je Portion
- Dazu passt Sekt

ZUTATEN

300 g Räucher- oder Gravedlachs in dünnen Scheiben
200 g Doppelrahm-Frischkäse
2 EL Zitronensaft
2 TL geriebener Meerrettich
3 EL Kapern (aus dem Glas)
1 Mini-Salatgurke (ca. 200 g)
1 Fenchelknolle
2 rote Zwiebeln
1 Bund Dill, 2 EL Olivenöl
Salz, Pfeffer
4 Kräuter-Tortillas

1. Den Lachs in kleinfingerdicke Streifen schneiden. Frischkäse, Zitronensaft und Meerrettich mit den Quirlen des Handrührgeräts cremig aufschlagen. Die abgetropften Kapern hacken und unter die Frischkäsecreme mischen.

2. Die Gurke waschen, eventuell schälen, in Stifte schneiden oder grob raspeln. Den Fenchel putzen, waschen und ebenfalls in Stifte schneiden oder raspeln. Die Zwiebeln schälen und fein würfeln. Gurke mit Fenchel und Zwiebelwürfeln mischen.

3. Den Dill waschen und trockenschütteln. Einige Dillspitzen für die Garnitur beiseite legen. Restlichen Dill hacken und zur Gurken-Fenchel-Mischung geben. Das Olivenöl untermischen, salzen und pfeffern.

4. Die Tortillas erwärmen und die Frischkäsecreme darauf verstreichen. Die Lachsstreifen darauf legen und mit der Gurken-Fenchel-Mischung bedecken. Die Tortillas zusammenrollen und mit den Dillspitzen garnieren. Sofort servieren.

Vorspeisen und kleine Getränke

Lachsgelee mit Paprikajoghurt

raffiniert

- *Für 4 Personen*
- *Zubereitung: ca. 2 Std. (plus 3 Std. Kühlzeit)*
- *ca. 285 kcal*
- *Dazu passt knuspriges Bauernbrot*

ZUTATEN

je 50 g Lauch, Karotte und Sellerie
300 ml Lachsfond (siehe S. 14)
100 ml trockener Weißwein
300 g Lachsfilet ohne Haut
2 Eiweiß
6 Safranfäden
3 Blatt weiße Gelatine
1 rote Paprikaschote
200 g Joghurt
1 TL Meersalz
Pfeffer aus der Mühle

1. Lauch, Karotten und Sellerie putzen, waschen und in kleine Würfel schneiden.

2. Das Lachsfilet in 2 cm große Würfel schneiden. Lachsfond und Weißwein aufkochen lassen, Hitze reduzieren, den Lachs und das Gemüse darin etwa 5 Minuten pochieren. Alles herausnehmen und auskühlen lassen.

3. Die Eiweiße mit dem Schneebesen in einer Schüssel mit einem zerhackten Eiswürfel verschlagen und mit dem Safran in den kalten Fond einrühren. Das Ganze langsam zum Kochen bringen und etwa 15 Minuten ziehen lassen. Dann durch ein feines Tuch passieren.

4. Die Gelatine etwa 10 Minuten in wenig kaltem Wasser quellen lassen, ausdrücken und unter Rühren im Fond auflösen. Die Gemüse- und Lachsstückchen in 4 mit kaltem Wasser ausgespülte Förmchen (150 ml Inhalt) geben, den Fond hineinfüllen und das Gelee für 3 Stunden kalt stellen.

5. Die Paprikaschote waschen, halbieren, entkernen und unter dem Grill oder bei höchster Temperatur im Ofen backen, bis die Haut schwarz wird und Blasen wirft. Die Haut abziehen, das Fruchtfleisch mit dem Joghurt pürieren. Mit Salz und Pfeffer leicht würzen.

6. Die Förmchen mit dem Gelee kurz in heißes Wasser stellen und stürzen. Gelee mit dem Paprikajoghurt auf 4 Tellern anrichten.

Lachsschiffchen

Lachsschiffchen

für Gäste

- Für 12 Schiffchenformen, Fasungsvermögen 50 ml
- Zubereitung: ca. 1 Std. 15 Min. (plus ca. 30 Min. Ruhezeit)
- ca. 570 kcal

ZUTATEN

200 g Mehl
80 g Butter
Salz, 1 TL Essig
200 g Lachsfilet
weißer Pfeffer
1 EL Zitronensaft
Erbsen zum Blindbacken
3 Frühlingszwiebeln
2 EL gehackter Dill
1 EL gehackter Estragon
1 Ei, 100 g Crème fraîche
2 TL scharfer Senf

1. Aus Mehl, Butter, ½ Teelöffel Salz, Essig und 5 Esslöffeln kaltem Wasser einen geschmeidigen Teig kneten und auf einer bemehlten Arbeitsfläche dünn ausrollen.

2. Die Förmchen ausbuttern und dicht nebeneinander stellen. Den Teig auf ein Nudelholz aufwickeln und locker auf die Formen legen. Das Nudelholz so darüber rollen, daß der Teig an den Rändern abgetrennt wird. Den Teig behutsam in die Formen drücken, dabei den Rand hochziehen. Die Förmchen mit dem Teig etwa 30 Minuten in den Kühlschrank stellen.

3. Den Lachs würfeln, mit Salz, Pfeffer und Zitronensaft würzen und zugedeckt 15 Minuten marinieren. Den Backofen auf 200 °C vorheizen.

4. Den Teig auf der untersten Schiene etwa 10 Minuten blind backen und abkühlen lassen. Die Frühlingszwiebeln waschen, putzen, in Ringe schneiden und zusammen mit dem Lachs sowie den Kräutern in die Formen geben.

5. Das Ei mit Crème fraîche und Senf verrühren, salzen, pfeffern und auf die Füllung gießen. Die Törtchen auf der untersten Schiene etwa 20 Minuten backen.

Vorspeisen und kleine Gerichte

Hechtterrine mit Lauch und Lachs

edel

- *Für 6 Personen*
- *Zubereitung: ca. 2 Std.*
- *ca. 500 kcal*
- *Dazu passt Stangenweißbrot*

ZUTATEN

600 g Hechtfilet
300 g (1½ Becher) Sahne
3 Eier
1 Briefchen gemahlener Safran
Butter
200 g Lachsfilet
150 g Lauch
Salz, Pfeffer
geriebene Muskatnuss
Cayennepfeffer

1. Das Hechtfleisch durch den Fleischwolf drehen und anfrosten. Die Sahne mit den Eiern und dem Safran verquirlen und kalt stellen.

2. Das Hechtfleisch in einem Mixer fein pürieren und mit den Gewürzen abschmecken. Die Sahne-Ei-Masse unterrühren.

3. Eine Kastenform mit Butter einfetten. ⅓ der Farce einfüllen, das Lachsfilet einlegen, mit Farce bestreichen. Den Lauch längs in Streifen schneiden, blanchieren und mit der restlichen Farce einfüllen. Die Form mehrmals fest auf der Arbeitsfläche aufstoßen und mit einem Deckel oder Alufolie verschließen.

4. Die Terrine im Wasserbad bei 180 °C etwa 1 Stunde garen. Abkühlen lassen und 6 Stunden kalt stellen.

5. Die Terrine kurz in heißes Wasser stellen und stürzen. In Scheiben aufschneiden und mit geröstetem Brot und Kräutersauce servieren.

TIPPS

- *Die Terrine wird schneller fest, wenn man eine längliche Form aus dünnem Porzellan oder Edelstahl verwendet.*
- *Nach dem Stürzen lässt sich die Terrine am besten mit einem elektrischen Messer in Scheiben schneiden.*
- *Bereiten Sie die Terrine nach Möglichkeit bereits 1 bis 2 Tage vorher zu, dann ist sie schön durchgezogen und schmeckt besonders lecker.*

Tortillas mit Lachs und Jasminreis

Tortillas mit Lachs und Jasminreis

edel

- *Für 4 Personen*
- *Zubereitung: ca. 40 Min.*
- *ca. 490 kcal je Portion*

ZUTATEN

300 g Lachsfilet ohne Haut
6 EL Sojasauce
60 g Jasminreis, Salz
1 reife Avocado
1 Mini-Salatgurke (ca. 200 g)
3 Lauchzwiebeln
Saft von ½ Limette
½–1 TL Wasabi-Paste
1 Pr. Zucker
1 EL Sesam
2 EL Öl
4 Weizenmehl-Tortillas

1. Das Lachsfilet waschen, trockentupfen und 1 cm große Würfel schneiden, mit 2 Esslöffeln Sojasauce beträufeln. Den Reis in der 3fachen Menge leicht gesalzenem Wasser ca. 10 Minuten kochen, auf einem Sieb abtropfen lassen.

2. Die Avocado halbieren, den Kern entfernen. Das Fruchtfleisch aus der Schale heben und würfeln. Die Gurke schälen, entkernen und würfeln. Die Lauchzwiebeln waschen und mit dem Grün schräg in feine Ringe schneiden.

3. Den Limettensaft mit der restlichen Sojasauce und 1–2 Esslöffeln Wasser verrühren. Die Wasabi-Paste unterrühren, mit Zucker abschmecken. Sesam in einer Pfanne ohne Fett unter Rühren anrösten. Herausnehmen und beiseite stellen. Das Öl in der Pfanne erhitzen und die Lachswürfel darin ca. 6 Minuten braten.

6. Die Tortillas erwärmen. Den Reis mit Avocado- und Gurkenwürfeln mischen, die Sauce zugeben. Die Reismischung auf die Tortillas verteilen und die Lachswürfel darauf geben. Alles mit dem Sesam bestreuen. Die Tortillas zusammenrollen und sofort servieren.

Vorspeisen und kleine Gerichte

Lachssoufflé

etwas aufwendiger

- *Für 4 Personen*
- *Zubereitung: ca. 2 Std.*
- *ca. 690 kcal*
- *Dazu passen Zuckerschoten und Pariser Kartoffeln*

ZUTATEN

Für das Soufflé
400 g Lachsfilet-Abschnitte
1 TL Meersalz
Pfeffer aus der Mühle
1 Pr. Cayennepfeffer
200 g (1 Becher) Sahne
4 Eiweiß
2 EL Cognac
1 EL gehackter Estragon
1 EL Butter für die Form

Für die Sauce
200 g Champignons
1 EL gehackte Schalotten
1 EL Butter
80 ml trockener Wermut (z. B. Noilly Prat)
200 ml Lachsfond (siehe S. 14)
200 g Crème fraîche

1. Den Backofen auf 200 °C vorheizen. Die gut gekühlten Lachsabschnitte klein würfeln, mit Salz, Pfeffer und Cayennepfeffer im Mixer fein pürieren. Nach und nach die sehr kalte Sahne dazugeben und einmixen. Die Farce durch ein Sieb passieren.

2. Die gut gekühlten Eiweiße schaumig schlagen und mit Cognac und Estragon unter die Lachsfarce heben.

3. Die Farce in eine größere gebutterte Auflaufform füllen und in einem Wasserbad im Ofen etwa 40 Minuten garen. Den Backofen während dieser Zeit nicht öffnen, sonst fällt das Soufflé zusammen.

4. Für die Sauce die Champignons putzen und in Scheiben schneiden. Die Schalotten in der Butter glasig dünsten und die Pilze dazugeben. Mit Noilly Prat aufgießen und etwa 3 Minuten köcheln lassen.

5. Die Champignons herausnehmen. Den Lachsfond zu den Schalotten gießen und die Sauce auf großer Hitze auf ein Viertel einkochen lassen.

6. Die Crème fraîche dazugeben, alles noch einmal aufkochen lassen und mit Salz und Cayennepfeffer abschmecken. Die Champignons wieder in die Sauce geben. Zum Soufflé servieren.

TIPP

- *Wichtig für das Gelingen eines Soufflés ist die Qualität des Eischnees. Das beste Ergebnis erzielen Sie, wenn Sie das Eiweiß mit dem Schneebesen schlagen, nicht mit dem Handrührgerät. Der Eischnee sollte hoch stehen, wenn man den Schneebesen herauszieht. Wird das Eiweiß zu lange geschlagen, fällt es beim Unterheben zusammen und das Soufflé geht nicht richtig auf.*

Lachs-Topinambur-Küchlein

Lachs-Topinambur-Küchlein

würzig

- Für 4 Personen
- Zubereitung: ca. 35 Min.
- ca. 270 kcal
- Dazu passt Kopfsalat

ZUTATEN

1 Stück frische Meerrettichwurzel (ca. 2 cm)
4 EL saure Sahne
2 EL Zitronensaft
1 TL Senf
Salz
schwarzer Pfeffer
500 g Topinamburknollen
4 EL Butter
4 Scheiben geräucherter Lachs

1. Für die Sauce den Meerrettich schälen und fein reiben. Den Meerrettich mit saurer Sahne, Zitronensaft und Senf verrühren, das Ganze mit Salz und Pfeffer abschmecken.

2. Die Topinamburs schälen, waschen und direkt auf ein Tuch fein raspeln. Gut trockentupfen und mit Salz und Pfeffer würzen.

3. Die Butter in einer beschichteten Pfanne zerlassen. Die Topinamburraspel esslöffelweise in die heiße Butter geben. Die Häufchen flach drücken, auf jeder Seite etwa 5 Minuten zu knusprigen Küchlein braten, warm stellen. Alle Topinamburraspel zu Küchlein backen.

4. Die Lachstranchen der Länge nach halbieren und zusammenrollen. Auf jedes Küchlein etwas Sauce geben und darauf die Lachsrosetten setzen. Die Küchlein sofort servieren.

Hauptgerichte

Thunfisch mit mariniertem Kartoffelsalat

rustikal

- Für 4 Personen
- Zubereitung. ca. 45 Min.
- ca. 420 kcal

ZUTATEN

750 g Kartoffeln
1 Bund Frühlingszwiebeln
200 g Kirschtomaten
4 EL Olivenöl
2 TL mittelscharfer Senf
3 EL Limettensaft
2 EL Balsamessig
Salz
Pfeffer
Zucker
4 Scheiben Thunfisch (je ca. 150 g)
2 EL Zitronensaft
2 EL Sonnenblumenöl
Zitronenpfeffer
Kerbel und Limettenscheiben für die Garnitur

1. Die Kartoffeln waschen und etwa 20 Minuten in der Schale garen. Abgießen, pellen und in Scheiben schneiden. In der Zwischenzeit Frühlingszwiebeln putzen, waschen und in feine Ringe schneiden. Tomaten waschen und halbieren.

2. Das Olivenöl in einer Pfanne erhitzen. Drei Viertel der Frühlingszwiebeln darin andünsten, Senf unterrühren und mit Limettensaft und Essig ablöschen. Mit Salz, Pfeffer und Zucker würzen. Kartoffeln, Lauchmarinade und Tomaten vermengen und durchziehen lassen.

3. Den Fisch unter kaltem Wasser abwaschen, mit Küchenpapier trockentupfen und mit Zitronensaft beträufeln.

4. Das Öl in einer Pfanne erhitzen und den Fisch von jeder Seite 3 bis 4 Minuten bei mittlerer Hitze braten. Mit Salz und Zitronenpfeffer würzen.

5. Je ein Thunfischfilet mit Kartoffelsalat auf einem Teller anrichten. Nach Belieben mit Kerbel und Limettenscheiben garnieren.

THUNFISCH

Der Thunfisch ist der größte Fisch aus der Familie der Stachelflosser. Er ist in allen Meeren zu finden und gehört weltweit zu den wichtigsten Nutzfischen. Thunfisch hat dunkelrotes, festes Fleisch, das in seinem Geschmack an Kalbfleisch erinnert.

Hauptgerichte

Glattbuttfilets auf indische Art

exklusiv

- *Für 4 Personen*
- *Zubereitung: ca. 90 Min.*
- *ca. 360 kcal*
- *Dazu passt Reis oder Stangenweißbrot*

ZUTATEN

2 rote Paprikaschoten
1 Knoblauchzehe
2 Zwiebeln
3 EL Sonnenblumenöl
2 Tomaten
1 EL Currypulver
400 ml Fischfond
weiche Butter
4 Glattbuttfilets
   (je ca. 170 g, ohne Haut)
½ TL Meersalz
weißer Pfeffer aus der Mühle
100 ml Joghurt
1 Bund Koriandergrün

1. Den Backofen auf 250 °C vorheizen. Die Paprikaschoten waschen, halbieren und entkernen. Die Schoten etwa 10 Minuten backen, dann die Haut abziehen und das Fleisch in etwa 1 cm große Würfel schneiden. Die Backofentemperatur auf 180 °C reduzieren.

2. Den Knoblauch und die Zwiebeln schälen, fein hacken und in Öl glasig dünsten. Die Tomaten waschen, achteln, vom Stielansatz befreien und mit dem Curry zu den Zwiebeln geben. 300 ml Fischfond zufügen und alles etwa 10 Minuten kochen lassen. Die Sauce im Mixer pürieren und durch ein Sieb passieren.

3. Eine ofenfeste Form ausbuttern. Die Fischfilets hineinlegen und mit Meersalz und Pfeffer würzen. Den restlichen Fischfond dazugeben und alles zugedeckt im Ofen etwa 12 Minuten garen. Die Filets aus dem Ofen nehmen und warm stellen.

4. Zuerst den Fond, dann den Joghurt zur Sauce geben und nochmals aufmixen. Sauce nicht mehr kochen lassen. Die Paprikawürfel in der Sauce erwärmen. Auf jeden Teller einen Saucenspiegel gießen, ein Filet darauf legen und mit Korianderblättern garnieren.

TIPP

- *Der Glattbutt gehört zur Familie der Plattfische. Obwohl er bereits filetiert zu kaufen ist, können die Filets noch kleinere Gräten enthalten. Diese ziehen Sie am besten mit einer stabilen Pinzette aus dem Fleisch.*

Thunfischsteaks mit Zitronengras und Tandoori

Thunfischsteaks mit Zitronengras und Tandoori

edel

- *Für 4 Personen*
- *Zubereitung: 45 Min.*
- *ca. 540 kcal*

ZUTATEN

4 kleine Thunfischsteaks (je ca. 125 g)
1 Zitronengrashalm
1 Päckchen (25 g) Tandoori-Gewürzmischung
150 g Joghurt
1–2 TL Zucker
Öl
250 g Tri-Colo-Reis (Mischung aus Langkorn-, Wild- und rotem Thai-Reis)
1 Tomate

Zitronengras, Limettenschale und -spalten, Zitronenmelisse zum Garnieren

1. Thunfisch waschen und trockentupfen. Zitronengrashalm teilen und je zwei Stücke durch die Steaks stecken. Tandoori-Gewürz, Joghurt und Zucker verrühren. Steaks rundherum damit bestreichen und zugedeckt etwa 2 Stunden an einem kühlen Ort marinieren lassen.

2. Den Backofen auf 200 °C vorheizen. Thunfisch auf ein geöltes Backblech legen und 20 bis 25 Minuten im Ofen garen.

3. Inzwischen Reis in der 3fachen Menge Salzwasser bei schwacher Hitze zugedeckt etwa 20 Minuten ausquellen lassen. Die Tomate waschen, vierteln, entkernen und klein würfeln.

4. Fisch und Reis auf Tellern anrichten: Reis mit Tomatenwürfeln bestreuen, den Fisch nach Belieben mit Zitronengrasstreifen und geriebener Limettenschale bestreuen. Mit Limettenspalten und Zitronenmelisse servieren.

Hauptgerichte

Gefüllte Thunfischtaschen mit Tomaten

fruchtig

- Für 4 Personen
- Zubereitung: ca. 45 Min.
- ca. 620 kcal
- Dazu passen Zuckerschoten und italienisches Weißbrot

ZUTATEN

Für den Fisch
4 Scheiben Thunfisch (je 200 g)
1 Knoblauchzehe
6 EL Olivenöl
Salz
Pfeffer

Für die Füllung
1 Knoblauchzehe
4 geh. EL Kapern
50 g Semmelbrösel
Saft von ½ Zitrone

Außerdem
4 große Tomaten

1. Jedes Fischsteak aufschneiden, sodass 2 halb so dicke Schichten entstehen. Die Knoblauchzehe durchpressen, mit 3 Esslöffeln Olivenöl, Salz und Pfeffer verrühren. Den Fisch mit der Marinade einreiben und 30 Minuten ziehen lassen.

2. Für die Füllung den Knoblauch fein, die Kapern grob hacken und mit Semmelbröseln, Zitronensaft, Salz und Pfeffer gut vermengen.

3. Den Backofen auf 200 °C vorheizen. Die Fischsteaks aufklappen, mit der Füllung bestreichen und zusammenklappen, mit Zahnstochern zustecken.

4. Die Fischtaschen auf ein Backblech oder in eine Auflaufform legen, mit 3 Esslöffeln Öl beträufeln und salzen. Im Ofen auf der mittleren Schiene 20 Min. backen, für die letzten 3 Min. die Temperatur auf 250 °C erhöhen.

5. Die Tomaten über Kreuz einritzen, 10 Min. vor Ende der Garzeit zu den Fischtaschen legen und mitgaren. Mit Salz und Pfeffer würzen.

TIPP

Statt der Thunfischsteaks können Sie auch Haifischsteaks verwenden. Die bereiten Sie genauso zu wie die Thunfischsteaks. Servieren Sie zu beiden einen Weißwein von der Loire, z. B. einen Muscadet oder einen Sancerre.

Hauptgerichte

Thunfisch-Chicorée-Gratin

pikant

- *Für 4 Personen*
- *Zubereitungszeit: ca. 45 Min.*
- *ca. 590 kcal*

ZUTATEN

4 Chicorées (ca. 600 g)
2 EL Butterschmalz
Saft von 1 Zitrone
Salz
weißer Pfeffer aus der Mühle
1 Msp. Cayennepfeffer
2 Dosen Thunfisch (je ca. 200 g, naturell eingelegt)
2 Bund Schnittlauch
weiche Butter
150 g Crème fraîche
100 g frisch geriebener Knoblauchkäse

1. Die Chicorées waschen, längs halbieren, den bitteren Strunk herausschneiden. In heißem Butterschmalz 4 Minuten rundum anbraten. Mit der Hälfte des Zitronensafts beträufeln, mit Salz, Pfeffer und Cayennepfeffer würzen.

2. Den Fisch abtropfen lassen, mit einer Gabel zerpflücken. Mit dem klein geschnittenen Schnittlauch mischen, salzen und pfeffern.

3. Den Backofen auf 220 °C vorheizen. Eine feuerfeste Form ausbuttern, die Hälfte des Chicorées, dann die Fischmischung und zuletzt den restlichen Chicorée hineingeben.

4. Die Crème fraîche, den restlichen Zitronensaft und den Käse verrühren und auf dem Chicorée verteilen. Im Backofen auf der mittleren Schiene 30 Minuten überbacken.

TIPP

Sie können das Gratin auch als Vorspeise servieren. Dann reicht es für 6 Personen. Mit ofenfrischem Baguette und einem grünen Salat serviert, ist es ein leichtes Hauptgericht. Dazu schmeckt am besten ein trockener italienischer Weißwein.

Thunfischragout

Thunfischragout

einfach und schnell

- *Für 4 Personen*
- *Zubereitung: ca. 15 Min.*
- *ca. 510 kcal*
- *Dazu passen Salzkartoffeln*

ZUTATEN

2 Dosen Thunfisch
 (je 185 g, in Öl eingelegt)
1 große Dose geschälte
 Tomaten
450 g bunte Gemüse-
 mischung (TK)
20 g grüne, mit Paprika
 gefüllte Oliven
Salz, Pfeffer
Paprikapulver
100 g (½ Becher) Sahne

1. Den Thunfisch in einem Sieb gut abtropfen lassen, dabei 2 Esslöffel des Öls auffangen. Das Öl in einem Topf erhitzen, die Tomaten und das Gemüse hinzufügen und aufkochen lassen.

2. Den Thunfisch mit einer Gabel zerpflücken und mit den abgetropften Oliven in das Ragout geben. Mit Salz, Pfeffer und Paprika abschmecken und mit der Sahne verfeinern.

TIPP

■ *Statt der Tomaten aus der Dose können Sie auch frische Tomaten verwenden. Diese müssen vorher allerdings geschält werden. Zu dem Ragout dann noch 100 ml Brühe hinzufügen.*

Hauptgerichte

Kanarischer Fischtopf

raffiniert

- Für 4 Personen
- Zubereitung: ca. 1 Std. 30 Min.
- ca. 480 kcal

ZUTATEN

600 g Fischfilet
   (z. B. Kabeljau, Heilbutt,
   Thunfisch oder
   Schwertfisch)
Salz
schwarzer Pfeffer
2 große Zwiebeln
4 Knoblauchzehen
2 frische rote Chilischoten
1/2 Bund glatte Petersilie
1 kg Kartoffeln
5 EL kaltgepresstes Olivenöl
1 TL süßes Paprikapulver
1 Döschen Safran (0,2 g)
1/2 TL gem. Kümmel
1/8 l Weißwein
1/4 l Gemüsebrühe
1 Lorbeerblatt

1. Fischfilet waschen, trockentupfen, in Stücke schneiden, mit etwas Salz und schwarzem Pfeffer würzen.

2. Die Zwiebeln schälen, halbieren und in Scheiben schneiden. Die Knoblauchzehen schälen und fein hacken. Die Chilischoten waschen, trockentupfen, längs halbieren, entkernen und fein würfeln. Die Petersilie waschen und trockentupfen. Die Blätter abzupfen und hacken.

3. Die Kartoffeln schälen, vierteln und in Salzwasser etwa 10 Minuten vorgaren. Das Öl in einem Topf erhitzen und darin die Zwiebelstreifen etwa 10 Minuten andünsten.

4. Knoblauch, Chilischoten, Paprikapulver, Safran und Kümmel unter die Zwiebelstreifen rühren. Das Ganze etwa 5 Minuten dünsten lassen, mit dem Weißwein sowie der Brühe aufgießen, salzen und pfeffern.

5. Die Kartoffeln, das Lorbeerblatt und die Petersilie zu den Zwiebeln geben. Die Fischstücke darauf legen und alles bei kleiner Hitze zugedeckt etwa 10 Minuten garen.

TIPPS

- *Sie können diesen köstlichen Fischtopf leicht variieren. Geben Sie z. B. das Zwiebelgemüse mit dem rohen Fisch und den halb garen Kartoffeln in eine Auflaufform, und backen Sie alles im Ofen in etwa 20 Minuten fertig.*
- *Oder Sie bereiten den Fischtopf wie beschrieben zu, geben jedoch gebratene Fischstücke auf das Zwiebelgemüse.*

Thunfischsteaks mit Zitronen-Knoblauch-Estragon-Sauce

Thunfischsteaks mit Zitronen-Knoblauch-Estragon-Sauce

einfach

- *Für 4 Personen*
- *Zubereitung: ca. 25 Min.*
- *ca. 480 kcal*

ZUTATEN

4 Thunfischsteaks (je ca. 200 g)
Saft von 2 Zitronen
Salz
2 Tomaten
2 Knoblauchzehen
1 Zwiebel
1 Bund Estragon, 4 EL Öl
200 ml Gemüsebrühe
10 g Speisestärke
Pfeffer, Zucker
Kopfsalat, Zitronenscheiben

1. Die Fischsteaks waschen, trockentupfen, mit der Hälfte des Zitronensafts beträufeln und salzen.

2. Die Tomaten waschen, vierteln, entkernen und in Würfel schneiden. Knoblauch und Zwiebel schälen und fein würfeln. Estragon waschen, trockenschütteln, etwas zum Garnieren beiseite legen, den Rest grob hacken.

3. In einer Pfanne 2 Esslöffel Öl erhitzen, anschließend den Fisch von jeder Seite bei mittlerer Hitze etwa 4 Minuten braten.

4. Restliches Öl in einem Topf erhitzen, Zwiebeln und Knoblauch darin anbraten. Estragon zugeben, mit dem restlichen Zitronensaft und Brühe ablöschen, zum Kochen bringen. Dann Speisestärke mit 3 Esslöffeln Wasser anrühren und zur Sauce geben, unter Rühren aufkochen lassen. Tomatenwürfel zufügen und mit Salz, Pfeffer und Zucker abschmecken.

5. Fisch und Sauce anrichten und mit dem restlichen Estragon bestreuen. Nach Belieben mit Salatblättern und Zitronenscheiben garnieren.

Hauptgerichte

Seezungenröllchen mit Basilikum-Tomaten-Sauce

edel

- *Für 4 Personen*
- *Zubereitung: 40 Min.*
- *ca. 640 kcal*

ZUTATEN

200 g Shrimps
2 EL Sahne
Salz
Pfeffer
7 EL Fischfond
½ Bund Dill
½ Bund Petersilie
4 Seezungenfilets
3 EL Butter
1 EL Weißwein
5 EL Fischfond
6–8 Tomaten
½ Bund Basilikum
300 g gedrehte Bandnudeln

1. Für die Füllung die Shrimps mit der Sahne im Mixer pürieren und mit Salz und Pfeffer abschmecken.

2. Die Kräuter waschen, hacken und mit 2 Esslöffeln Fischfond unter die Hälfte der Masse mischen.

3. Zwei Seezungenfilets mit der rosa Shrimpsfüllung und 2 Filets mit der Kräuterfüllung bestreichen und aufrollen. Die Rouladen in eine gebutterte feuerfeste Form setzen. Den Weißwein und 5 Esslöffel Fischfond dazugießen und zugedeckt im Ofen bei 180 °C etwa 20 Minuten garen.

4. Für die Sauce die Tomaten überbrühen, über Kreuz einschneiden und enthäuten, entkernen und würfeln. Die Tomatenwürfel in 2 Esslöffeln Butter andünsten und sämig einkochen lassen. Mit Salz und Pfeffer würzen. Das Basilikum waschen, die Blätter fein hacken und zur Sauce geben.

5. Die Nudeln in reichlich Salzwasser bissfest kochen. Die Seezungenrouladen aufschneiden und mit den Nudeln und der Tomatensauce anrichten.

TIPP

- *Servieren Sie zu den Seezungenröllchen einen trockenen Portwein und italienisches Ciabatta-Brot, am besten knusprig aufgebacken.*

Lachspäckchen in Honig-Senf-Sauce

Lachspäckchen in Honig-Senf-Sauce

sommerlich

- *Für 4 Personen*
- *Zubereitung: ca. 30 Min.*
- *ca. 590 kcal*

ZUTATEN

800 g Lachsfilet
Saft von ½ Zitrone
Salz
2–3 Frühlingszwiebeln
1 Bund Dill
4 EL körniger Senf
4 EL flüssiger Honig
4 EL Weißweinessig
5 EL Öl
weißer Pfeffer
Zitronenscheiben und Dill zum Garnieren

1. Das Lachsfilet waschen, trockentupfen und in 8 Stücke schneiden. Mit Zitronensaft beträufeln und salzen. Frühlingszwiebeln putzen, waschen und in wenig Wasser kurz blanchieren. Herausnehmen und abtropfen lassen.

2. Die Lachsstücke in leicht siedendem Wasser etwa 5 Minuten gar ziehen lassen.

3. Für die Sauce den Dill waschen und fein hacken. Senf, Honig und Essig miteinander verrühren, das Öl unterschlagen. Mit Salz und Pfeffer würzen, den Dill unterziehen.

4. Die Frühlingszwiebeln in Blätter teilen und die Lachsstücke damit umwickeln. Mit der Senfsauce anrichten und mit Zitrone und Dill garnieren.

Hauptgerichte

Lachsforellen-Fenchel-Auflauf

deftig

- *Für 4 Personen*
- *Zubereitung: ca. 50 Min.*
- *ca. 730 kcal*
- *Dazu passt Baguette*

ZUTATEN

1 Zwiebel
3 Fenchelknollen
  (je ca. 175 g)
ca. 450 g Lachs-
  forellenfilet
Salz
Saft von 1 Zitrone
2 EL Öl
150 ml trockener
  Weißwein
1 Becher (150 g) Crème
  fraîche
Pfeffer
3 EL Butter
½ Bund Petersilie
bunter Pfeffer
Zitronenscheiben

1. Die Zwiebel schälen und fein würfeln. Fenchel putzen, waschen und in schmale Spalten schneiden. Das Fischfilet waschen, trockentupfen, mit Salz einreiben und mit Zitronensaft beträufeln.

2. Das Öl in einer Pfanne erhitzen, Zwiebeln und Fenchel darin unter Wenden etwa 5 Minuten anbraten. Mit Wein ablöschen und weitere 5 Minuten schmoren lassen. Den Backofen auf 200 °C vorheizen.

3. Crème fraîche, Salz und Pfeffer verrühren. Den Fenchel in eine gebutterte Auflaufform geben und den Fisch darauf legen. Crème fraîche darüber gießen und 2 Esslöffel Butter in Flöckchen darauf setzen. Im Backofen etwa 25 Minuten backen.

4. Die Petersilie waschen und trockenschütteln, etwas für die Garnitur beiseite legen, den Rest fein hacken. Auflauf mit Petersilie und buntem Pfeffer bestreuen, nach Belieben mit Zitronenscheiben und Petersilie garniert servieren.

LACHSFORELLE

Die Lachsforelle hat ihren Lebensraum im Atlantik sowie in Ost- und Nordsee. Zum Laichen kommt sie in die europäischen Flüsse, weshalb sie oft mit dem Lachs verwechselt wird. Die Lachsforelle ist zu zart, um geräuchert zu werden. Ansonsten kann sie aber wie Lachs oder Forelle zubereitet werden. Oft wird sie als Lachsersatz serviert.

Hauptgerichte

Fischauflauf mit Fetakruste

einfach

- *Für 4 Personen*
- *Zubereitung: ca. 45 Min.*
- *ca. 820 kcal*
- *Dazu passen Salzkartoffeln*

ZUTATEN

4 Lauchstangen
4 Fleischtomaten
Salz
schwarzer Pfeffer
800 g Rotbarschfilet
400 g Kuhmilch-Feta
3 EL Sonnenblumenöl
250 g Crème fraîche
geriebene Muskatnuss

1. Den Backofen auf 200 °C vorheizen. Den Lauch putzen, waschen, trockentupfen und in Ringe schneiden.

2. Die Tomaten waschen, trockentupfen und die Stielansätze keilförmig ausschneiden. Tomaten in dünne Scheiben schneiden und mit Salz und Pfeffer würzen.

3. Das Fischfilet unter kaltem Wasser abwaschen, trockentupfen und in Scheiben schneiden. Den Feta in dünne Scheiben schneiden.

4. In einer großen Pfanne 2 Esslöffel Öl erhitzen und die Lauchringe darin 5 Minuten dünsten. Mit Salz und Pfeffer abschmecken.

5. Eine Auflaufform (etwa 35 cm lang) mit Öl ausfetten. Die Lauchringe in die Form geben und die Hälfte der Fetascheiben darüber verteilen.

6. Das Fischfilet auf dem Käse verteilen und das Ganze kräftig mit Pfeffer und Salz bestreuen. Zum Schluss die Tomatenscheiben darüber geben.

7. Die Crème fraîche glattrühren, mit etwas Muskatnuss würzen und über die Tomaten streichen. Den Auflauf mit den restlichen Fetascheiben belegen und auf der mittleren Schiene im Ofen etwa 35 Minuten backen.

FETA

Ursprünglich ein griechischer Weichkäse aus roher Schaf- und Ziegenmilch, der mehrere Wochen in einer Lake reifen muss. Heute wird Feta auch in Deutschland und Frankreich mit pasteurisierter Kuhmilch produziert. Der Fettgehalt liegt zwischen 45 und 59% F. i. Tr. Feta ist weiß, ohne Löcher, schnittfest und schmeckt säuerlich bis pikant salzig.

Lachs mit Weinsauce

Lachs mit Weinsauce

schnell

- Für 4 Personen
- Zubereitung: ca. 20 Min.
- ca. 720 kcal
- Dazu passt frisches Weißbrot

ZUTATEN

4 Lachsfilets (je 150 g) in Scheiben
2 EL Butter
100 g Sonnenblumensprossen
¼ l Weißwein
¼ l Fischfond
1 EL Zitronensaft
200 g (1 Becher) Sahne
50 g Butter

1. Butter mit 100 ml Wein aufkochen lassen, Hitze reduzieren und die Lachsfilets darin kurz dämpfen. Mit Salz und Pfeffer würzen, herausnehmen und warm stellen.

2. Einen kleinen Teil der Sonnenblumensprossen für die Dekoration aufbewahren, den Rest im Mixer zerkleinern.

3. Restlichen Weißwein, Fischfond, Sahne und Butter in die Dünstflüssigkeit geben und bei großer Hitze auf die Hälfte reduzieren. Mit Salz, Pfeffer und Zitronensaft abschmecken. Zum Schluss mit den Sprossen aufmixen. Die Sauce zum Lachs servieren.

TIPP

- *Dieses Gericht ist ein leichtes Sommeressen. Trinken Sie dazu Prosecco oder Cava (spanischer Sekt).*

Hauptgerichte

Lachs-Thunfisch-Ragout mit Chinakohl und Reis

einfach

- *Für 4 Personen*
- *Zubereitung: ca. 30 Min.*
- *ca. 480 kcal*

ZUTATEN

40 g frische Ingwerwurzel
4 EL Essig
8 TL Zucker
200 g Reis
Salz
250 g frisches Lachsfilet
350 g frischer Thunfisch
12 EL Sojasauce
   (z. B. von Kikkoman)
800 g Chinakohl
schwarzer Pfeffer aus
   der Mühle

1. Den Ingwer schälen und in feine Streifen schneiden. Essig und Zucker in einem kleinen Topf aufkochen, den Ingwer gut zugedeckt darin 10 Minuten dünsten. Im Sud abkühlen lassen.

2. Den Reis in der 3fachen Menge Salzwasser bissfest garen. Inzwischen Lachs- und Thunfischfilet in mundgerechte Würfel schneiden Mit etwas Sojasauce beträufeln.

3. Den Chinakohl putzen, waschen und in 2 cm breite Streifen schneiden. Mit etwas Salz und Pfeffer und der restlichen Sojasauce mischen, in einen Dämpfeinsatz geben.

4. Die Fischstücke darauf legen und im geschlossenen Topf 10 Minuten dämpfen. Kohl, Fisch, Reis und Ingwer zusammen anrichten.

TIPP

- *Anstelle des Lachsfilets und des Thunfischs können Sie für das Ragout auch die gleiche Menge anderer festfleischiger Fischsorten verwenden. Besonders zu empfehlen sind Haifisch und Seeteufel.*

Hauptgerichte

Rotes Zwiebelgemüse zu Lachsfilet

pikant

- *Für 4 Personen*
- *Zubereitung: ca. 1 Std.*
- *ca. 710 kcal*

ZUTATEN

Für das Zwiebelgemüse

600 g rote Zwiebeln
20 g frischer Ingwer
50 g Butter
¼ l Rotwein
3 TL Surig-Essig-Essenz
1–2 TL brauner Zucker
Salz
Pfeffer

Für den Lachs

600 g Lachsfilet
1–2 TL Surig-Essig-Essenz
Salz
weißer Pfeffer
400 ml Hummerfond (Glas)
⅛ l trockener Weißwein
125 ml Sahne
1 Briefchen Safran
20 g weiche Butter
20 g Mehl
½ Bund Zitronenmelisse

1. Die Zwiebeln schälen und in schmale Spalten schneiden. Ingwer dünn schälen und fein würfeln. Die Butter in einem Topf erhitzen, Zwiebeln und Ingwer darin andünsten. Mit Wein ablöschen, Essigessenz und die Würzzutaten zufügen. 10 bis 15 Minuten zugedeckt dünsten.

2. Inzwischen das Lachsfilet in 8 schmale Stücke schneiden. Mit Essigessenz beträufeln und salzen. Hummerfond, Weißwein, Salz und weißen Pfeffer in einem Topf aufkochen lassen, die Lachsfiletstücke darin bei schwacher Hitze etwa 5 Minuten pochieren. Aus dem Sud nehmen und warm stellen.

3. Den Fond auf ein Drittel einkochen lassen. Sahne und Safran zufügen und aufkochen lassen. Butter und Mehl mit einer Gabel verkneten, zur Sauce geben und einmal aufkochen lassen. Kräftig abschmecken.

4. Die Zitronenmelisse waschen und trockentupfen, die Hälfte in feine Streifen schneiden. Den Lachs mit Sauce überziehen und mit fein geschnittener Zitronenmelisse und einigen Blättchen verzieren. Mit dem Zwiebelgemüse servieren.

TIPP

- *Trinken Sie dazu einen nicht zu trockenen Weißwein, etwa einen Pinot grigio oder einen Chardonnay.*

Hauptgerichte

Steinbutt mit Austernpilzen

delikat

- *Für 4 Personen*
- *Zubereitung: ca. 40 Min.*
- *ca. 460 kcal*

ZUTATEN

500 g Lauch
1 Dose Ananas in Scheiben (Abtropfgewicht 260 g)
250 g Austernpilze
2 EL Öl
1 EL Butter
1 EL Mehl
150 ml Gemüsebrühe (Instant)
100 g (½ Becher) Sahne
1 TL Kurkuma
1 küchenfertiger Steinbutt (ca. 1100 g)
2 Zwiebeln
Saft von 1 Zitrone
100 ml Weißweinessig
Salz
1 Prise Zucker
2–3 Lorbeerblätter
1 TL Pfefferkörner
bunter Pfeffer
Dillzweige und Zitronenspalten zum Garnieren

1. Den Lauch putzen, waschen und in Scheiben schneiden. In kochendem Salzwasser etwa 2 Minuten blanchieren und abtropfen lassen. Ananas abtropfen lassen und die Scheiben halbieren. Die Pilze putzen, große halbieren.

2. Das Öl in einer Pfanne erhitzen. Pilze, Lauch und Ananas darin unter Wenden etwa 3 Minuten braten. Mit Salz und Pfeffer würzen.

3. Butter in einem Topf aufschäumen lassen und Mehl darin anschwitzen. Mit Brühe und Sahne ablöschen, aufkochen lassen und mit Salz, Pfeffer und Kurkuma würzen.

4. Den Fisch waschen, trockentupfen, der Länge nach halbieren und in Tranchen schneiden. Zwiebeln schälen und vierteln. ⅜ l Wasser, Zitronensaft, Essig, Salz, Zucker, Lorbeerblätter und Pfefferkörner aufkochen lassen, Hitze reduzieren und die Fischtranchen in dem Sud etwa 20 Minuten gar ziehen lassen.

5. Fisch, Gemüse und Sauce mit buntem Pfeffer bestreut anrichten. Nach Belieben mit Zitrone und Dill garniert servieren.

TIPP

- Statt frischer Austernpilze können Sie auch getrocknete Pilze für dieses Gericht verwenden. Vor der Zubereitung müssen die Pilze etwa 15 Minuten in kaltem Wasser eingeweicht werden. 50 g getrocknete Pilze entsprechen etwa 250 g frischen Pilzen.

Hauptgerichte

Lachsforellenfilets mit Petersilienwurzeln

raffiniert

- *Für 4 Personen*
- *Zubereitung: ca. 45 Min.*
- *ca. 500 kcal*
- *Dazu passen neue Kartoffeln*

ZUTATEN

500 g Petersilienwurzeln mit dem Grün
2 Schalotten
2 EL Butter
200 ml Weißwein
Salz
schwarzer Pfeffer
1 TL Zucker
800 g Lachsforellenfilets ohne Haut
200 g saure Sahne

1. Die Petersilienwurzeln putzen und waschen. Die Wurzeln schälen, trockentupfen und in etwa 4 cm lange, dünne Stifte schneiden. Das Grün klein schneiden und beiseite legen.

2. Die Schalotten schälen und fein hacken. Die Butter in einer Pfanne zerlassen und die Schalotten kurz andünsten.

3. Die Petersilienwurzeln zu den Schalotten geben und ebenfalls kurz dünsten. Das Gemüse mit dem Weißwein ablöschen und mit Salz, Pfeffer und Zucker würzen. Alles etwa 5 Minuten zugedeckt bei kleiner Hitze köcheln lassen.

4. Die Filets unter fließendem kaltem Wasser waschen und trockentupfen. Auf das Gemüse legen und etwa 10 Minuten zugedeckt bei mittlerer Hitze garen, die Filets nach etwa 5 Minuten wenden. Die gegarten Filets aus der Pfanne nehmen und warm stellen.

5. Die saure Sahne zu den Petersilienwurzeln geben und alles offen bei starker Hitze kurz aufkochen lassen.

6. Das Gemüse mit der Sauce auf 4 Teller verteilen und die Lachsforellenfilets darauf anrichten. Mit dem Grün der Petersilienwurzeln bestreuen und sofort servieren.

Gebratene Rotzungen mit Kartoffelgemüse

Gebratene Rotzungen mit Kartoffelgemüse

delikat

- *Für 4 Personen*
- *Zubereitung: ca. 40 Min.*
- *ca. 630 kcal*

ZUTATEN

800 g größere Kartoffeln
4 Tomaten
2 unbehandelte Zitronen
4 küchenfertige Rotzungen (je ca. 350 g)
Salz
Zitronensaft
4 EL Mehl
3 EL Butterschmalz
4 EL Öl
Pfeffer

4 Zweige Basilikum
50 g Forellenkaviar
frische Kräuter und Zitrone zum Garnieren

1. Die Kartoffeln in der Schale garen. Kalt abschrecken, pellen und in Scheiben schneiden. Inzwischen Tomaten und Zitrone waschen und in Scheiben schneiden.

2. Die Fische waschen und trockentupfen. Mit Salz und Zitronensaft würzen, in Mehl wenden. Das Butterschmalz in einer großen Pfanne erhitzen. Die Rotzungen darin von jeder Seite 5 bis 7 Minuten braten.

3. Inzwischen die Kartoffeln in einer anderen Pfanne in Öl etwa 5 Minuten unter Wenden braten. Tomaten und Zitronenscheiben dazugeben, kurz mitdünsten. Alles salzen und pfeffern. Basilikumblätter abzupfen und unterheben.

4. Die Rotzungen und das gebratene Gemüse mit Kaviar, frischen Kräutern und Zitrone garniert servieren.

Hauptgerichte

Cordon bleu von Seeteufel und Lachs

ausgefallen

- *Für 4 Personen*
- *Zubereitung: ca. 50 Min.*
- *ca. 340 kcal*
- *Dazu passen Petersilienkartoffeln*

ZUTATEN

**2 Seeteufelfilets
 (à ca. 200 g)
250 g Lachsfilet ohne Haut
200 g Salatgurke
1 Schalotte
2–3 Zweige Dill
75 g Schmand
4 EL Zitronensaft
Salz
Pfeffer
1 Eiweiß
1–2 EL Sahne
40–50 g Semmelbrösel
½ Bund Estragon
30 g Butter**

1. Die Seeteufelfilets waschen und trockentupfen, jeweils der Länge nach eine Tasche einschneiden. Von dem Lachsfilet einen 3–4 cm breiten Streifen (ca. 150 g) in Länge der Seeteufelfilets schneiden. Diesen Streifen der Länge nach flach durchschneiden. Restliches Lachsfilet (etwa 100 g) würfeln und etwa 30 Minuten anfrieren lassen.

2. Inzwischen für den Salat die Gurke waschen und in Würfel schneiden. Die Schalotte schälen und ebenfalls fein würfeln. Dill waschen, trockenschütteln und hacken. Schmand, Schalotten, etwas Dill und 1 bis 2 Esslöffel Zitronensaft verrühren. Mit Salz und Pfeffer abschmecken und die Gurken unterheben.

3. Lachswürfel mit etwas Salz und Pfeffer im Mixer pürieren. Eiweiß, Sahne und 1 Esslöffel Zitronensaft zufügen und zu einer feinen Farce verarbeiten. Den Backofen auf 225 °C vorheizen.

4. Die Farce in die Seeteufelfilets streichen und die Lachsscheiben auf die Filets legen. Mit Salz und Pfeffer würzen. Fisch vorsichtig in Semmelbröseln wenden und in eine gebutterte ofenfeste Form legen. Estragon waschen, trockentupfen, etwas für die Garnitur beiseite legen, den Rest fein hacken und über den Fisch streuen, alles mit Butterflöckchen belegen.

5. Im Backofen etwa 15 Minuten backen oder unter dem Grill 10 bis 12 Minuten braten. Fertige Cordons bleus mit 1 bis 2 Esslöffeln Zitronensaft beträufeln und 1 Minute ruhen lassen. Jedes Filet in 6 Scheiben schneiden und mit dem Gurkensalat auf 4 Tellern anrichten. Mit restlichem Dill und Estragon garnieren.

Zanderfilet mit Basilikum-Käse-Sauce

Zanderfilet mit Basilikum-Käse-Sauce

leicht

- *Für 4 Personen*
- *Zubereitung: ca. 1 Std.*
- *ca. 350 kcal*

ZUTATEN

600 g Zanderfilet (ersatzweise Forellenfilets)
400 g reife Tomaten
150 g Paprika
  (rot, gelb, grün)
1 große Knoblauchzehe
Salz
Pfeffer aus der Mühle
1 EL Olivenöl
¼ l helle Gemüsegrundsauce
  (Fertigprodukt)
1 Bund Basilikum
150 g Schwäbischer
  Raclette-Käse

1. Den Backofen auf 180 °C vorheizen. Die Zanderfilets waschen und trockentupfen. Die Tomaten waschen und in Scheiben schneiden, die Paprikaschoten waschen, putzen und in feine Streifen schneiden. Die Knoblauchzehe schälen und sehr fein hacken. Den Raclette-Käse grob raffeln.

2. Eine Auflaufform mit Olivenöl auspinseln. Die Zanderfilets mit den Tomatenscheiben und Paprika in die Form schichten, den Knoblauch darüber streuen, alles mit Salz und Pfeffer würzen. Im Backofen etwa 30 Minuten garen.

3. Inzwischen die Gemüsesauce nach Packungsanweisung zubereiten. Das Basilikum waschen, die Blätter von den Stielen zupfen. Die Sauce mit den Basilikumblättern im Mixer pürieren, noch einmal erhitzen, den geraffelten Käse unterziehen. Sauce sofort mit dem Zander servieren.

Hauptgerichte

Fischpapillotes

fernöstlich

- *Für 4 Personen*
- *Zubereitung: ca. 1 Std.*
- *ca. 400 kcal*
- *Dazu passt Basmatireis oder eine Wildreismischung*

ZUTATEN

800 g Victoriabarsch- oder Rotbarschfilet
1 Glas Mango-Thai-Sauce (250 g; von Oryza)
4 cl Reiswein
1 unbehandelte Limette
1 Knoblauchzehe
2 Lauchstangen
80 g Butter
1 Bund Koriandergrün
Pergamentpapier

1. Das Fischfilet waschen, trockentupfen und in mundgerechte Stücke schneiden. Mit der Mango-Thai-Sauce, dem Reiswein sowie dem Saft und der abgeriebenen Schale der Limette vorsichtig vermengen und kühl gestellt einige Stunden marinieren.

2. Den Lauch putzen, in feine Streifen schneiden, waschen und trockenschleudern. Den Knoblauch schälen und fein würfeln. Den Backofen auf 200 °C vorheizen.

3. Das Pergamentpapier in 30 x 40 cm große Rechtecke schneiden. Jeweils Lauchstreifen in die Mitte geben, Fisch mit Marinade darauf setzen, mit Knoblauch, grob gehacktem Koriandergrün, Salz und Pfeffer bestreuen. Butterflöckchen darüber verteilen. Papier dicht zusammenfalten und Pakete gut verschließen. Auf ein Backblech legen und im Ofen 15 bis 20 Minuten garen.

TIPPS

- Ölen Sie das Pergamentpapier leicht ein, damit das Gemüse und der Fisch nicht kleben bleiben.
- *Die Papillotes können Sie gut im Voraus zubereiten. Bewahren Sie sie dann im Kühlschrank auf, und nehmen Sie sie etwa 30 Minuten vor dem Backen heraus.*

Hauptgerichte

Meerbarbenfilets mit Safransauce und Mangold

ausgefallen

- *Für 4 Personen*
- *Zubereitung: ca. 1 Std. 20 Min.*
- *ca. 530 kcal*
- *Dazu passen kleine gebackene Kartoffeln*

ZUTATEN

2 Schalotten
1 Knoblauchzehe
3 EL Butter
100 ml trockener Weißwein
300 ml Fischfond
1 Briefchen gem. Safran
200 g Crème double
1 TL Salz
1 Pr. Cayennepfeffer
1 rote Paprikaschote
800 g Mangold
weißer Pfeffer aus der Mühle
8 Meerbarbenfilets à ca. 70 g
3 EL Sonnenblumenöl
12 Kerbelblätter

1. Den Backofen auf 250 °C vorheizen. Die Schalotten und den Knoblauch schälen und fein hacken. Den Knoblauch und die Hälfte der Schalotten in 1 Esslöffel Butter andünsten, mit dem Weißwein ablöschen, den Fischfond dazugeben und alles um ein Drittel einkochen lassen. Dann Safran und Crème double zugeben, nochmals auf die Hälfte einkochen lassen und mit Salz und Cayennepfeffer würzen.

2. Die Paprikaschote waschen, halbieren und entkernen. Unter dem Grill etwa 10 Minuten rösten, bis die Haut schwarz wird und Blasen wirft. Nun die Haut abziehen, das Fruchtfleisch in etwa 2 cm große Rauten schneiden.

3. Den Mangold putzen und waschen. Die Stiele in etwa 3 cm lange dünne Stifte schneiden, die Blätter in 3 cm breite Streifen schneiden. Stiele und Blätter getrennt in leicht gesalzenem Wasser kurz blanchieren. Die restlichen Schalotten in 1 Esslöffel Butter andünsten, den Mangold dazugeben, mit Salz und Pfeffer würzen und etwa 3 Minuten zugedeckt erhitzen.

4. Die Fischfilets abspülen, trockentupfen, mit Salz und Pfeffer würzen. Das Sonnenblumenöl in einer Pfanne erhitzen, 1 Esslöffel Butter dazugeben und die Filets darin auf beiden Seiten etwa 5 Minuten braten.

5. Den Mangold auf Teller verteilen, die Filets darauf legen und mit Safransauce umgießen. Den Fisch mit Paprikarauten und Kerbelblättern garnieren.

Rotbarben mit Knoblauchkruste

Rotbarben mit Knoblauchkruste

würzig

- *Für 4 Personen*
- *Zubereitung: 40 Min.*
- *ca. 320 kcal*

ZUTATEN

4 küchenfertige Rotbarben (je ca. 400 g)
Salz
1 unbehandelte Zitrone
250 g Weißbrot
3 Knoblauchzehen
2 Lorbeerblätter
1 EL bunte Pfefferkörner
1 EL süßes Paprikapulver
Öl für das Backblech

1. Die Fische gründlich waschen und trockentupfen. Auf jeder Seite zweimal schräg einschneiden und innen und außen mit Salz würzen. Zitrone heiß waschen, in 16 schmale Spalten schneiden und in die Einschnitte drücken. Den Backofen auf 200 °C vorheizen.

2. Für die Kruste das Weißbrot entrinden und zerbröseln. Lorbeer und Pfefferkörner fein zerstoßen. Den Knoblauch schälen und durchpressen.

3. Die Brösel, Knoblauch, Lorbeer, Pfeffer und Paprika vermischen und gleichmäßig auf den Fischen verteilen. Die Rotbarben auf ein geöltes Blech legen und im Backofen etwa 20 Minuten garen.

Hauptgerichte

Steinbeißer auf Gemüse

deftig

- Für 4 Personen
- Zubereitung: ca. 40 Min.
- ca. 450 kcal
- Dazu passen Salzkartoffeln

ZUTATEN

600 g Möhren
600 g Staudensellerie
2 unbehandelte Zitronen
1 Bund Dill
2 EL Öl
200 ml Weißwein
Salz
Pfeffer
1 kg Steinbeißerfilet
3 EL Zitronensaft
60 g Butter
bunter Pfeffer

1. Die Möhren schälen und in dünne Scheiben schneiden. Sellerie schälen und in kleine Stifte schneiden. Die Zitronen heiß waschen und in Scheiben schneiden. Den Dill waschen, trockenschütteln, etwas für die Garnitur beiseite legen und den Rest hacken.

2. Das Öl in einer Pfanne erhitzen, Zitronenscheiben darin kurz dünsten, herausnehmen. Möhren und Sellerie in das Fett geben und unter Wenden anbraten, mit Wein ablöschen, zudecken und etwa 5 Minuten schmoren lassen. Mit Salz und Pfeffer würzen. Den Backofen auf 200 °C vorheizen.

3. Das Fischfilet waschen, trockentupfen, in vier Stücke schneiden, mit Salz und Pfeffer würzen und mit Zitronensaft beträufeln.

4. Das Gemüse in eine gebutterte feuerfeste Form geben, Fisch darauf setzen, Butter in Flöckchen darauf geben. Im Backofen etwa 20 Minuten backen. Fischplatte mit Dill und buntem Pfeffer bestreut servieren, nach Belieben mit Zitrone und Dill garnieren.

TIPP

- Nicht jedes Fischgeschäft hat Steinbeißerfilets vorrätig. Bestellen Sie deshalb die Filets rechtzeitig bei Ihrem Fischhändler.

Hauptgerichte

Fish and chips

aus England

- *Für 4 Personen*
- *Zubereitung: ca. 1 Std.*
- *ca. 980 kcal*

ZUTATEN

800 g festes Fischfilet (z. B. Seelachs, Seehecht, Dorsch)
Salz
schwarzer Pfeffer
Saft von ½ Zitrone
Tabascosauce
1 Ei
150 g Mehl
150 ml trockener Weißwein
4 EL Sherry Fino
1 kg Kartoffeln
1 kg Fritierfett
scharfes Paprikapulver

1. Das Fischfilet waschen, trockentupfen und in 3 cm breite Streifen schneiden. Salzen, pfeffern und mit Zitronensaft sowie Tabascosauce würzen.

2. Das Ei trennen. Das Mehl mit Wein, Sherry, Eigelb und etwas Salz zu einem dickflüssigen Teig verarbeiten. Das Eiweiß steif schlagen und darunter heben.

3. Die Kartoffeln schälen und in dicke Scheiben oder Spalten schneiden. Mit kaltem Wasser abwaschen, abtropfen lassen und trockentupfen.

4. Den Backofen auf 100 °C vorheizen. Das Fritierfett in einem Topf oder in einer Friteuse auf 180 °C erhitzen.

5. Die Fischstreifen durch den Teig ziehen und portionsweise im siedenden Fett in etwa 2 Minuten goldgelb fritieren. Den Fisch herausnehmen, in eine Schüssel geben und im Backofen warm stellen.

6. Die Kartoffelscheiben oder -spalten im Fett schwimmend goldbraun ausbacken. Die Chips herausnehmen, in eine Schüssel geben und im Ofen warm stellen. Die Chips vor dem Servieren mit etwas Salz, Pfeffer und scharfem Paprikapulver würzen.

TIPPS

- *Verwenden Sie für die Chips unbedingt festkochende Kartoffeln, damit sie auch wirklich schön knusprig und nicht zu weich werden.*
- *Nach englischer Art können Sie Fish and chips mit etwas Weinessig beträufeln und mit Mayonnaise zum Dippen servieren.*

Süßsaurer Fisch mit Mandelreis

Süßsaurer Fisch mit Mandelreis

edel

- Für 4 Personen
- Zubereitung: ca. 1 Std.
- ca. 810 kcal
- Dazu passt ein frischer grüner Salat

ZUTATEN

800 g Rotbarschfilet
5 EL salzige Sojasauce
1 EL Zitronensaft
4 EL trockener Sherry
1 TL Salz
250 g Basmatireis (z. B. von Oryza)
50 g gehobelte Mandeln
6 EL Speiseöl
1 Zwiebel
3–4 EL Speisestärke
4 EL Ketchup
2 EL Honig
4 EL Weinessig

1. Das Fischfilet kalt waschen, trockentupfen und in 3 cm große Würfel schneiden. Je 1 EL Sojasauce, Sherry und Zitronensaft verrühren und den Fisch darin 10 Minuten durchziehen lassen.

2. In einem Topf $1/2$ l Wasser aufkochen lassen und salzen, den Reis hineingeben, umrühren und zugedeckt bei schwacher Hitze 15 bis 20 Minuten ausquellen lassen. Die Mandelblättchen in einer trockenen Pfanne unter Rühren goldbraun rösten, herausnehmen.

3. Das Öl in der Pfanne erhitzen. Die Fischwürfel abtropfen lassen, in Speisestärke wenden und im Öl rundum knusprig braun braten. Den Fisch aus der Pfanne nehmen und warm halten.

4. Die Zwiebel schälen, würfeln und in der Pfanne anbraten. Restliche Sojasauce, Sherry, Ketchup, Honig und Essig hinzufügen und aufkochen lassen. Den Fisch mit der Sauce vorsichtig mischen. Die Mandelblättchen locker unter den Basmatireis heben und mit dem süßsauren Fisch servieren.

Hauptgerichte

Seezungenfilet auf Tomatenconcassé mit Pesto

mediterran

- Für 4 Personen
- Zubereitung: ca. 20 Min.
- ca. 540 kcal
- Dazu passt frisches Baguette

ZUTATEN

750 g Seezungenfilet
4 EL Zitronensaft
2 Zwiebeln
1 große Knoblauchzehe
750 g Tomaten
1 EL Butter
2 Bund Basilikum
1 EL geriebener Parmesan
1/8 l Olivenöl
2 TL Pinienkerne
Salz
weißer Pfeffer

1. Das Fischfilet waschen und trockentupfen, mit Zitronensaft beträufeln und zugedeckt kurz ziehen lassen. Zwiebeln und Knoblauch schälen. Zwiebeln klein würfeln, den Knoblauch zerdrücken. Die Tomaten mit kochendem Wasser überbrühen, über Kreuz einschneiden und enthäuten. Das Tomatenfleisch klein würfeln.

2. Für das Pesto Basilikum waschen und trockenschütteln, die Blätter abzupfen und fein hacken. Mit geriebenem Parmesan, der Hälfte des Knoblauchs, Öl und Pinienkernen in einem Mörser zerreiben oder im Mixer pürieren. Mit Salz und Pfeffer abschmecken.

3. Die Butter in einer Pfanne erhitzen. Fisch darin bei mittlerer Hitze 5 bis 7 Minuten zugedeckt dünsten. Herausnehmen, salzen und pfeffern, warm stellen.

4. Den übrigen Knoblauch, Zwiebeln und Tomaten in derselben Pfanne 2 Minuten dünsten. Mit Salz und Pfeffer abschmecken. Auf vorgewärmte Teller geben, den Fisch darauf setzen und mit dem Pesto servieren.

TIPP

Pesto können Sie auch auf Vorrat zubereiten, solange es frisches Basilikum zu kaufen gibt. Im Tiefkühlfach hält sich diese leckere Paste bis zu einem Jahr.

Hauptgerichte

Dorade auf Zucchini-Safran-Sauce

würzig

- *Für 4 Personen*
- *Zubereitung: ca. 45 Min.*
- *ca. 430 kcal*
- *Dazu passt eine Wildreismischung*

ZUTATEN

4 küchenfertige Doraden (je ca. 300 g, mit Kopf)
2 unbehandelte Zitronen
4 Knoblauchzehen
2 Zucchini (400 g)
einige Zweige Thymian
Salz
weißer Pfeffer
80 g Butter
¼ l Weißwein
1 Glas (400 ml) Fischfond
2 Briefchen Safranfäden

1. Die Doraden waschen, trockentupfen und auf einer Seite rautenartig einschneiden. Die Zitronen waschen, trockentupfen und in Scheiben schneiden. Den Knoblauch schälen und in Scheiben schneiden. Die Zucchini putzen, waschen und in Stifte schneiden.

2. Zitronenscheiben, Knoblauch und Thymian in die Einschnitte in der Fischhaut stecken. Die Butter in einer großen Pfanne erhitzen und die Fische darin von beiden Seiten je etwa 8 Minuten braten.

3. Die Zucchinistifte zum Fisch geben, Wein und Fond angießen, Safran dazugeben und alles in 5 Minuten etwas einkochen lassen.

TIPP

- *Vor dem Gebrauch sollten Sie die Safranfäden im Mörser zerkleinern und dann in wenig warmem Wasser kurz einweichen, damit sich das Aroma entfalten kann.*

SAFRAN

Safran wird aus den getrockneten Stempeln der Safranpflanzenblüte gewonnen und ist ein sehr starkes Würz- und Färbemittel. Safran ist das teuerste Gewürz der Welt, da die kleine Blüte nur drei Staubfäden hat, die von Hand gepflückt werden müssen. Zum Würzen und Färben benötigt man zum Glück jedoch nur winzige Mengen.

Hauptgerichte

Heilbutt mit Bandnudeln

aromatisch

- *Für 4 Personen*
- *Zubereitung: ca. 30 Min.*
- *ca. 770 kcal*

ZUTATEN

4 kleine Zucchini
Salz
600 g Heilbuttfilet in 8 Scheiben
Saft von 1 Zitrone
400 g Bandnudeln
2 EL Butter
1 Knoblauchzehe
200 g Sahne
Pfeffer aus der Mühle
4 Thymianzweige

1. Die Zucchini in dünne Stifte schneiden, dann etwa 1 Minute in kochendem Salzwasser blanchieren und abtropfen lassen. Die Heilbuttfilets salzen und mit etwas Zitronensaft beträufeln.

2. Die Nudeln in Salzwasser bissfest kochen. Inzwischen den Fisch von beiden Seiten je 2 Minuten in der Butter braten. Aus der Pfanne nehmen und warm stellen.

3. Den Knoblauch schälen und hacken, in die Butter geben und andünsten. Den restlichen Zitronensaft und die Sahne angießen und alles etwas einköcheln lassen. Mit Pfeffer und Salz würzen.

4. Thymianblättchen vom Zweig zupfen, mit den Zucchinistreifen zur Sauce geben und alles aufkochen lassen.

5. Die Nudeln abgießen, abtropfen lassen und mit der Sauce mischen. Den Fisch darauf anrichten.

TIPPS

- *Der weiße Heilbutt ist besonders fettarm und eiweißreich. Das zarte Fleisch des Nordatlantik-Fisches eignet sich sehr gut zum Dünsten.*
- *Der Fisch, der bis zu 4 m lang und 300 kg schwer werden kann, wird portioniert (auch tiefgefroren) angeboten.*

Kabeljauloins auf Gemüsejulienne

Kabeljauloins auf Gemüsejulienne

besonders leicht

- Für 4 Personen
- Zubereitung: ca. 45 Min.
- ca. 240 kcal
- Dazu passt Butterreis mit Dill

ZUTATEN

ca. 800 g Kabeljauloins
Salz
2 EL Zitronensaft
je 100 g Knollensellerie, Möhren und Lauch
20 g Butter
weißer Pfeffer

Außerdem
**Bratschlauch
(z. B. Toppits von Melitta)**

1. Die Fischsteaks waschen, trockentupfen, leicht salzen und mit Zitronensaft beträufeln. Etwa 10 Minuten ziehen lassen. Den Backofen auf 180 bis 200 °C vorheizen.

2. Die Gemüse putzen, gegebenenfalls schälen und waschen, in feine Streifen (Julienne) schneiden, mit Salz und Pfeffer würzen.

3. Das Gemüse in ein passend zugeschnittenes Stück Bratschlauch geben, den Fisch darauf setzen, Butter in Flöckchen darauf verteilen. Den Bratschlauch fest verschließen. Im Backofen etwa 15 bis 20 Minuten garen.

KABELJAU

Der Kabeljau ist der weltweit wohl wichtigste Speisefisch. Seinen Lebensraum hat er in den kalten Gewässern des Nordatlantiks vor Neuengland, Island und Norwegen. Er hat weißes, weiches Fleisch und kann bis zu 36 kg wiegen. Der Jungfisch wird Dorsch genannt. Der Kabeljau ist das ganze Jahr über erhältlich, frisch oder tiefgefroren, im ganzen, als Filet oder als Steak, das „Kabeljauloin".

Besonderes für Gäste

Bunte Fischspieße

sommerlich

- *Für 4 Personen*
- *Zubereitung: ca. 30 Min.*
- *ca. 350 kcal*
- *Dazu passt eine Wildreismischung oder Baguette*

ZUTATEN

Für die Spieße

600 g Rotbarschfilet
2 EL Zitronensaft
Salz
12 Kirschtomaten
2 kleine Zucchini
12 Shrimps

Für die Marinade

½ Bund frische Provence-Kräuter
½ Bund Petersilie
2 EL Kräuteressig
Salz
Pfeffer
5 EL natives Olivenöl (z. B. von Mazola)

1. Die Fischfilets waschen und trockentupfen, in große Würfel schneiden, mit Zitronensaft beträufeln und salzen. Die Tomaten waschen. Die Zucchini putzen, waschen und dann in dicke Scheiben schneiden.

2. Für die Marinade die Kräuter waschen, trockenschütteln und fein hacken. Essig mit Salz, Pfeffer und Kräutern verrühren, Olivenöl darunter schlagen.

3. Fischwürfel, Tomaten, Shrimps und Zucchinischeiben abwechselnd auf Spieße stecken. Die Spieße auf eine tiefe Platte legen, mit der Marinade übergießen und zugedeckt im Kühlschrank etwa 1 Stunde ziehen lassen.

4. Die Spieße auf einem Grillrost von jeder Seite etwa 4 Minuten grillen. Dabei mehrmals mit der restlichen Marinade bestreichen.

TIPPS

- *Dieses Gericht ist leicht und fein und eignet sich besonders für die Sommerparty. Dann verdoppeln oder verdreifachen Sie die Mengenangaben einfach.*
- *Anstelle des Rotbarschfilets können Sie die Spieße auch mit Seezunge, Zander, Kabeljau oder Lotte zubereiten.*

Besonderes für Gäste

Maki-Sushi mit Avocado und Forelle

aus Japan

- *Für 4 Personen*
- *Zubereitung: ca. 40 Min.*
- *ca. 130 kcal*

ZUTATEN

150 g Sushi- oder Risottoreis
4 EL Reisessig
1 kleine Gurke
½ Avocado
1 geräuchertes Forellenfilet
6 Nori-Blätter
Wasabipaste
Sojasauce

1. Den Reis waschen und etwa 30 Minuten in einem Sieb trocknen lassen. 200 ml Wasser leicht salzen und aufkochen lassen. Den Reis darin zugedeckt 8 Minuten auf kleiner Flamme garen. Wenn alles Wasser aufgesogen ist, Topf vom Herd nehmen und zugedeckt noch 10 Minuten stehen lassen. Dann den Reis mit Reisessig säuern und abkühlen lassen.

2. Gurke, Avocado und Forelle in ½ cm dicke Streifen schneiden. 1 Nori-Blatt auf eine Bambusmatte legen und 2 Esslöffel Reis gleichmäßig darauf verteilen. Am oberen und unteren Ende je 1 cm frei lassen. In die Mitte Gurkenstreifen legen, mit Wasabipaste bestreichen, alles mit Hilfe der Bambusmatte zusammenrollen und festdrücken. Mit Forelle und Avocado ebenso verfahren.

3. Nun die Rollen in Stücke schneiden. Etwas Sojasauce in einem Schälchen mit ein wenig Wasabi vermischen. Vor dem Genuss die Maki hineintauchen.

TIPPS

- *Reisessig gibt es in Asienläden fertig zu kaufen.*
- *Wenn Sie den Reis mit Reisessig säuern, achten Sie darauf, dass Sie den Reis nicht zerdrücken. Danach mit einem Baumwolltuch abdecken und bei Zimmertemperatur aufbewahren.*

Sushi von Lachs, Thunfisch und Wolfsbarsch

Sushi von Lachs, Thunfisch und Wolfsbarsch

raffiniert

- Für 12 Stück
- Zubereitung: ca. 50 Min. (plus ca. 40 Min. zum Einweichen und Quellen)
- ca. 380 kcal

ZUTATEN

500 g Sushireis
1/8 l Reisessig
1 TL Zucker
1 TL Meersalz
je 400 g Lachsfilet, Wolfsbarschfilet und Thunfischfilet, ohne Haut
2 EL Wasabipaste (grüner Meerrettich)
400 g eingelegter Ingwer
300 ml Sojasauce

1. Den Sushireis etwa 30 Minuten in Wasser einweichen, dann in ein Sieb abgießen und mehrmals spülen. Mit 850 ml Wasser aufkochen, bei schwacher Hitze 10 Minuten zugedeckt köcheln lassen, dann vom Feuer nehmen und noch etwa 10 Minuten quellen lassen, bis der Reis das Wasser vollständig aufgesogen hat. Den Reis in eine Schüssel geben und mit einem nassen Tuch zugedeckt auskühlen lassen.

2. Den Reisessig mit Zucker und Salz aufkochen und vorsichtig unter den Reis mischen. Die Fischfilets eventuell von dünnen Randstücken befreien und mit einem scharfen Messer schräg in dünne Scheiben schneiden.

3. Den Reis zu fingerdicken Rollen formen, mit Wasabipaste bestreichen und mit den Fischscheiben belegen. Die Sushi auf einer Platte anrichten, den Ingwer und die Sojasauce in Schälchen dazu reichen.

Besonderes für Gäste

Japanischer Fischtopf

exklusiv

- *Für 4 Personen*
- *Zubereitung: ca. 1 Std. 30 Min. (plus 1 Std. Ruhezeit)*
- *ca. 410 kcal*

ZUTATEN

Für die Sauce

7 EL japanische Sojasauce
1 TL Zucker
2 EL Mirin
5 EL Reisessig
1 Stück (ca. 2 cm) Konbu
1 EL Bonitoflocken

Für die Suppeneinlage

8 Jakobsmuscheln ohne Schale
500 g Fischfilets (z. B. Seeteufel, Kabeljau oder andere Sorten mit festem Fleisch)
2 kleine Langustenschwänze
8 Shiitake-Pilze
200 g Shirataki-Nudeln
2 Karotten
8 Blätter Chinakohl oder 200 g Blattspinat
6 Frühlingszwiebeln
Salz

Für den Sud

1 l Dashi
2 EL japanische Sojasauce
2 EL Mirin
3 EL Sake oder trockener Sherry

1. Alle Zutaten für die Sauce in einer Schüssel vermischen. 1 Stunde im Kühlschrank ziehen lassen und dann durch ein feines Sieb passieren.

2. Die Jakobsmuscheln unter fließendem Wasser waschen und putzen. Die Fischfilets waschen, trockentupfen und in 3 cm große Würfel schneiden. Die Langustenschwänze abspülen.

3. Von den Shiitake-Pilzen den Stiel entfernen. Die Nudeln 2 Minuten in kochendes Wasser geben, abtropfen lassen und mit einer Küchenschere in etwa 10 cm lange Stücke schneiden.

4. Die Karotten schälen und in 5 mm dicke Scheiben, die Kohlblätter in Vierecke und das Weiße der Frühlingszwiebeln schräg in 1 cm dicke Scheiben schneiden.

5. Die Zutaten für den Sud in einem Topf verrühren und aufkochen lassen, beiseite stellen. Die Karotten und Frühlingszwiebeln in etwas Salzwasser bissfest garen.

6. Die Hälfte der Fischfilets, Muscheln, Kohl, Pilze, Nudeln, Karotten und Frühlingszwiebeln in einen Topf geben. Mit einem Teil des Suds auffüllen. Das Ganze kurz aufkochen lassen. Vom Herd nehmen und zugedeckt 5 Minuten ziehen lassen.

7. Den Topf auf ein angezündetes Spiritusrechaud setzen. Jeder Tischgast nimmt die Zutaten mit Netzlöffeln aus der Brühe und taucht sie in die Sauce. Die restliche Hälfte der Zutaten in den Topf geben, kurz aufkochen lassen und nachservieren.

TIPP

- *Die typisch japanischen Zutaten erhalten Sie in Asienläden:*

Mirin ist ein süßer, 14-prozentiger Reiswein.

Konbu (Palmentang) wird in Japan als Würzmittel verwendet.

Dashi ist eine klare, konzentrierte Brühe aus Bonitoflocken, Shiitakepilzen, Seetang und Sojasauce.

Besonderes für Gäste

Klassische Sushi mit Fisch

edel

- Für 4 Personen
- Zubereitung: ca. 1 Std. (plus 1 Std. 30 Min. Quellzeit)
- ca. 480 kcal

ZUTATEN

Für den Sushireis
300 g japanischer Reis oder italienischer Mittelkornreis
5 EL Reis- oder Weinessig
1 EL Zucker, 4 TL Salz

Für den Belag
100 g frischer Thunfisch vom rötlichen Teil
100 g frischer Seebarsch
100 g Matjesfilet
100 g Räucherlachs
etwas frischer Ingwer
2 Frühlingszwiebeln
etwas Lauch, Radieschen oder Gurke
Wasabipaste

Zum Dippen
japanische Sojasauce (z. B. von Kikkoman)

1. Den Reis in einem Sieb unter fließendem Wasser so lange waschen, bis das Wasser klar bleibt. Den Reis in dem Sieb 1 Stunde ruhen lassen, damit er quellen kann. In einen Topf geben, 650 ml Wasser dazugießen und 2 Minuten offen sprudelnd kochen lassen. Hitze auf kleinste Stufe reduzieren, den Deckel erst auflegen, wenn das Wasser nur noch sanft köchelt. 15 Minuten quellen lassen. Den Topf vom Feuer nehmen und den Reis noch weitere 15 Minuten ziehen lassen.

2. Inzwischen den Essig, den Zucker und das Salz unter Rühren erwärmen, aber nicht kochen lassen, bis die Flüssigkeit klar ist. Auf Handwärme abkühlen lassen. Den gegarten Reis in eine Schüssel geben, die Flüssigkeit mit einem Holzspatel nach und nach unterrühren. Die Reiskörner sollen von der Flüssigkeit nur benetzt, nicht durchtränkt werden.

3. Den Thunfisch, den Seebarsch und das Matjesfilet in $1/2$ cm dicke Scheiben, dann in etwa 3 cm breite und 5 cm lange Streifen schneiden. Die Räucherlachsscheiben in 4 cm große Quadrate schneiden. Ingwer, Frühlingszwiebeln sowie Lauch, Radieschen oder Gurke in feine Streifen schneiden.

4. Aus jeweils 2 EL Essigreis tischtennisballgroße Kugeln formen. Ein Stück Fisch (Thunfisch, Seebarsch, Matjesfilet) auf die linke Handfläche legen. Einen Tupfer Wasabipaste oder geriebenen Meerrettich darauf geben. Den Reisball darauf drücken und mit Daumen und Zeigefinger fest pressen. Vorsichtig umdrehen, in rechteckige Form drücken und mit Lauch, Radieschen oder Gurken verzieren. Auf eine Platte oder ein Lacktablett geben.

5. Die Matjes-Sushi mit den fein geschnittenen Frühlingszwiebeln bestreuen. Für die Räucherlachs-Sushi ein Quadrat Lachs auf ein Stückchen Klarsichtfolie geben, den Reisball in der Mitte plazieren und die Folie zu einem Ball drehen.

6. Mit in Streifen geschnittenem Ingwer, Schnittlauch oder Zitronenstückchen anrichten. Für jede Person ein kleines Schälchen mit Sojasauce zum Dippen bereit stellen.

Klassische Sushi mit Fisch

Thailändische Fischkroketten

exotisch

- Für 4 Personen
- Zubereitung: ca. 45 Min.
- ca. 480 kcal
- Dazu passt Reis

ZUTATEN

Für die Kroketten
**1 mittelgroße Zwiebel
2 Knoblauchzehen
300 g Fischfilet (Seebarsch, Dorsch, Rotbarsch oder Kabeljau)
Salz, Pfeffer
1 kleines Ei
2 EL Mehl
50 g frische Semmelbrösel
Öl zum Braten**

Für die Sauce
**2 EL Rotweinessig
1 TL Zucker
1 Pr. Salz
1 Pr. Cayennepfeffer
1 Limette
2 Chilischoten**

1. Die Zwiebel und die Knoblauchzehen schälen und grob zerkleinern. Das Fischfilet würfeln und portionsweise mit Zwiebel und Knoblauch im Mixer pürieren.

2. Die Fischmasse mit Salz, Pfeffer, Ei und so viel Mehl vermengen, dass ein fester, formbarer Teig entsteht.

3. Das Öl in einer großen, hohen Pfanne erhitzen. Aus dem Teig mit befeuchteten Händen kleine Frikadellen oder etwa 10 cm lange Röllchen formen, in den Brotkrumen wälzen und im Öl rundum knusprig braun ausbacken.

4. Essig mit Zucker, Salz und Cayennepfeffer verrühren. Die gebratenen Fischkroketten mit Limettenscheiben und den Chilischoten auf einer Platte anrichten, die Sauce dazu reichen.

Besonderes für Gäste

Japanisches Fischfondue

edel

- Für 4 Personen
- Zubereitung: ca. 50 Min.
- ca. 400 kcal

ZUTATEN

150 g Lachsfilet
150 g Meerfischfilet
200 g Hähnchenbrustfilet
8 Miesmuscheln
1 Lauchstange
8 Blätter Chinakohl
Salz
8 Frühlingszwiebeln

Für die Knoblauchsauce
1 Knoblauchzehe
5 EL Zitronensaft
7 EL japanische Sojasauce
3 EL Sake
3 EL Dashi

Für die Sesamsauce
4 EL Sesamsamen
1 EL Miso
1 EL Zucker
2 EL Reisessig
2 EL Sake
5 EL japanischer Senf
4 EL japanische Sojasauce

Für die Ponzu-Sauce
100 ml Zitronensaft
50 ml japanische Sojasauce

Außerdem
1 ½ l Geflügelbrühe
40 g Shirataki-Nudeln

1. Die Fischfilets und die Hähnchenbrust in Streifen schneiden. Die Miesmuscheln über Dampf kurz erhitzen, bis sich die Schalen öffnen. Die Schalen und geschlossene Muscheln entfernen.

2. Die äußeren Blätter des Lauchs zu 6 bis 8 cm langen, sehr schmalen Streifen schneiden, den restlichen Teil in Stücke schneiden. Lauchstreifen und Chinakohlblätter mit kochendem Salzwasser überbrühen und kalt abschrecken. Die Kohlblätter zu kleinen Röllchen formen und mit den Lauchstreifen zusammenbinden.

3. Für die Knoblauchsauce den Knoblauch schälen, durchpressen und mit den übrigen Zutaten vermischen. Für die Sesamsauce die Sesamkörner in einer beschichteten Pfanne ohne Fettzugabe anrösten, im Mörser zerdrücken und mit den restlichen Zutaten vermischen. Für die Ponzu-Sauce alle Zutaten mit 3 EL Wasser verrühren.

4. Die Geflügelbrühe in einem Fonduetopf erhitzen. Die Fonduezutaten auf einer Platte dekorativ anrichten. Den Topf mit der Brühe auf ein angezündetes Spiritusrechaud stellen.

5. Jeweils Fisch- und Geflügelstücke mit einigen Nudeln in Netzlöffeln in der Brühe garen. Gegartes in eine der drei Saucen tauchen. Zum Abschluss die Brühe in Schälchen servieren.

Besonderes für Gäste

Gegrilltes Haifischfilet mit Zucchinigemüse

gelingt leicht

- *Für 4 Personen*
- *Zubereitung: ca. 45 Min.*
- *ca. 480 kcal*

ZUTATEN

250 g Wildreismischung
2 mittelgroße Zucchini
1 rote Paprikaschote
2 Limonen
1 Zitrone
800 g Haifischfilet
2 EL Kräuteröl
Salz
Pfeffer
2 EL Öl
einige Salatblätter

1. Den Reis nach Packungsanleitung garen. Die Zucchini waschen und in dünne Scheiben schneiden. Die Paprikaschote waschen, sorgfältig entkernen und in kleine Würfel schneiden. Eine Limone und die Zitrone längs halbieren und in dickere Scheiben schneiden.

2. Die andere Limone auspressen. Die Filets in 8 Stücke teilen und in 2 EL Limonensaft etwa 10 Minuten marinieren. Dann die Filetstücke mit Kräuteröl bepinseln, pfeffern und etwa 10 Minuten grillen. Mit Salz würzen.

3. Inzwischen das Öl in einer Pfanne erhitzen, die Zucchinischeiben und die Paprikawürfel darin etwa 5 Minuten braten, bis das Gemüse zu bräunen beginnt. Mit etwas Salz und Pfeffer würzen.

4. Fischfilets, Reis und Gemüse auf Tellern anrichten, mit Limonen- und Zitronenscheiben sowie Salatblättern garnieren.

HAIFISCH

Lange Zeit war der Hai als Speisefisch bei uns eher unbekannt. Bestenfalls war die sogenannte Schillerlocke in Fischgeschäften zu finden. Mittlerweile haben jedoch einige Haie wie der Dornhai, der Katzenhai, der Heringshai und der Hammerhai als Speisefisch an Bedeutung gewonnen. Das Fleisch des Hais ist fest und erinnert in seinem Geschmack an Thunfisch. Die Leber vieler Haifischarten liefert hochwertigen Lebertran, die Haut mancher Haiarten wird zu Leder verarbeitet.

Gegrilltes Haifischfilet mit Zucchinigemüse

Fisch in Zellophan

aus China

- Für 4 Personen
- Zubereitung: ca. 30 Min.
- ca. 230 kcal

ZUTATEN

500 g Gold- oder Rotbarschfilet
½ TL Salz
6 EL Reiswein oder Sherry Amontillado
1 Bund Frühlingszwiebeln
20 g frischer Ingwer
2 EL Sojaöl
Einmachzellophan

1. Das Fischfilet quer in 2 cm breite Streifen schneiden, mit Salz bestreuen und in Reiswein oder Sherry wenden.

2. Die Zwiebeln putzen, den Ingwer schälen und dann beides in sehr feine Streifchen schneiden.

3. Aus Einmachzellophan etwa 30 bis 35 Quadrate mit 15 cm Seitenlänge schneiden.

4. Das Öl im Wok erhitzen. Jeweils ein Stück Fisch mit etwas Frühlingszwiebel- und Ingwerstreifen auf ein Zellophanquadrat legen und locker einschlagen. Die Ränder befeuchten und andrücken.

5. Die Fischpäckchen sofort im heißen Öl etwa 3 Minuten braten, dann auf einer vorgewärmten Platte anrichten und heiß servieren. Jeder Gast packt bei Tisch die Päckchen selbst aus.

Besonderes für Gäste

Fisch und Meeresfrüchte aus dem Dämpfkörbchen

originell

- Für 4 Personen
- Zubereitung: ca. 1 Std. 30 Min.
- ca. 520 kcal

ZUTATEN

300 g Lachsfilet
300 g Dorschfilet
60 g Seewolffilet
50 g Muschelfleisch
100 g Tintenfischarme
75 g Shrimpsfleisch
4 Hummerkrabben
½ TL Curry
4 EL frische Weißbrotbrösel
25 g Kroepoek

Für die Marinade
100 ml japanische Sojasauce (z. B. von Kikkoman)
1 TL Tandoori-Gewürz
1 TL Weinbrand
Zitronensaft
Salz, Pfeffer
Öl zum Braten

Für das Gemüse
75 g Sojasprossen
50 g Bambussprossen
25 g Möhrchen
25 g Zuckerschoten
30 g Paprikaschote, in Rauten
½ Bund japanischer Schnittlauch
25 g asiatische Pilze
3 Stangen Palmherzen

Für die Sauce
75 g gewürfelte Schalotten
50 g Butter
½ TL Zucker
2 EL Crème double
Lavendelblüten
½ Bund Minze
½ Bund Thymian

1. Lachs-, Dorsch- und Seewolffilets in Rechtecke schneiden. Für die Marinade Sojasauce, Tandoori-Gewürz, Weinbrand, Zitronensaft, Salz und Pfeffer miteinander vermengen. Fischfiletstücke, Muschelfleisch, Tintenfischarme und Shrimps vorsichtig mit der Marinade vermengen und etwa eine halbe Stunde ziehen lassen.

2. Die Hummerkrabben von Schale und Darm befreien, waschen und trockentupfen. Salzen, pfeffern und mit etwas Curry einreiben. In Weißbrotbröseln wälzen und in Öl ausbacken.

3. Portions-Dämpfkörbchen auf ein Blech stellen. Die marinierten Meeresfrüchte mit dem Gemüse in die Körbchen legen, Deckel auflegen und in einem Dampfgarer etwa 8 Minuten dämpfen. Kroepoek und ausgebackene Hummerkrabben in die Dämpfkörbchen verteilen.

4. Die Schalottenwürfel in 25 g Butter glasig dünsten, mit Zucker bestreuen und karamelisieren lassen. Den Dämpfsud mit etwas Marinade ablöschen, die Crème double und die fein gehackten Lavendelblüten zugeben. So lange kochen, bis die Schalotten weich sind. Die restliche Butter zur Sauce geben und aufschlagen. Die Sauce in ein Schälchen gießen. Dämpfkörbchen auf vorgewärmte Teller stellen, mit Minze und Thymian garnieren.

Rezeptverzeichnis nach Rubriken

Edel und festlich

Cordon bleu von Seeteufel und Lachs 62
Fisch und Meeresfrüchte aus dem Dämpfkörbchen 90
Hechtterrine mit Lauch und Lachs 34
Kartoffel-Spargel-Salat, lauwarmer, mit Catfish 20
Lachs mit Weinsauce 53
Lachsconsommé mit Gemüse 14
Lachsgelee mit Paprikajoghurt 32
Lachs-Kabeljau-Pastete in Blätterteig 24
Lachssalat mit Champignons 19
Lachsschiffchen 33
Lachssoufflé 36
Quiche von Edelfisch 27
Salat vom Rochenflügel 22
Schollenkraftbrühe, klare, mit Kräuter-Crème-fraîche 15
Seezungenröllchen mit Basilikum-Tomaten-Sauce 48
Steinbutt mit Austernpilzen 58
Sushi von Lachs, Thunfisch und Wolfsbarsch 81

Deftige Genüsse

Fischsuppe, klare, mit Paprika 10
Fish and chips 70
Meerbarbenfilets mit Safransauce und Mangold 66
Nudel-Lachs-Salat auf Gurken 17
Rotbarben mit Knoblauchkruste 67
Rotzungen, gebratene, mit Kartoffelgemüse 61
Thunfisch mit mariniertem Kartoffelsalat 38
Thunfisch-Blumenkohl-Kuchen 26
Thunfischsalat 23

Pikantes und Feuriges

Fischfondue, japanisches 86
Fischsuppe, klare, mit Paprika 10
Fischsuppe mit Safransauce 12
Fischtopf, kanarischer 46
Glattbuttfilets auf indische Art 40
Kurkumasuppe mit Lachs 11
Lachsfilet mit rotem Zwiebelgemüse 56
Lachs-Topinambur-Küchlein 37

Rotbarben mit Knoblauchkruste 67
Thunfischsteaks mit Zitronengras und Tandoori 41
Tortillas mit Lachs und Jasminreis 35

Kuchen und Pasteten

Empanada mit Thunfisch-Paprika-Füllung 30
Lachs-Kabeljau-Pastete in Blätterteig 24
Lachsschiffchen 33
Lachssoufflé 36
Quiche von Edelfisch 26
Thunfisch-Blumenkohl-Kuchen 27
Thunfisch-Teigtaschen 28

Mit viel Gemüse

Haifischfilet, gegrilltes, mit Zucchinigemüse 88
Heilbutt mit Bandnudeln 76
Kartoffel-Spargel-Salat, lauwarmer, mit Catfish 20
Lachsconsommé mit Gemüse 14
Lachsfilet mit rotem Zwiebelgemüse 56
Lachsforellen-Fenchel-Auflauf 50

Lachsforellenfilets
　mit Petersilienwurzeln 60
Lachs-Thunfisch-Ragout mit
　Chinakohl und Reis 54
Meerbarbenfilets mit Safran-
　sauce und Mangold 66
Rotzungen, gebratene, mit
　Kartoffelgemüse 61
Schollenkraftbrühe, klare,
　mit Kräuter-Crème-
　fraîche 15
Steinbeißer auf Gemüse 68
Thunfisch-Blumenkohl-
　Kuchen 27
Thunfisch-Chicorée-
　Gratin 44
Thunfischragout 45

Schnell und einfach

Dorade auf Zucchini-
　Safran-Sauce 74
Fischauflauf mit Fetakruste 52
Kabeljauloins auf Gemüse-
　julienne 77
Lachs mit Weinsauce 53
Lachssalat mit
　Champignons 19
Nudel-Lachs-Salat
　auf Gurken 17
Räucherlachs-Wrap 31
Seezungenfilet auf
　Tomatenconcassé
　mit Pesto 72

Thunfisch-Chicorée-
　Gratin 44
Thunfischsalat 23
Thunfischragout 45
Thunfisch-Sandwich
　„Black Hills" 29
Zanderfilet mit Basilikum-
　Käse-Sauce 63

Mediterran

Dorade auf Zucchini-
　Safran-Sauce 74
Fischauflauf mit Fetakruste 52
Fischspieße, bunte 78
Fischsuppe mit
　Safransauce 12
Fischtopf, kanarischer 46
Fischtopf, mediterraner 16
Haifischfilet, gegrilltes,
　mit Zucchinigemüse 88
Meerbarbenfilets
　mit Safransauce und
　Mangold 66
Seezungenfilet auf
　Tomatenconcassé
　mit Pesto 72
Seezungenröllchen
　mit Basilikum-Tomaten-
　Sauce 48
Thunfisch mit mariniertem
　Kartoffelsalat 38
Thunfischragout 45
Thunfischsteaks
　mit Zitronen-Knoblauch-
　Estragon-Sauce 47

Thunfischtaschen, gefüllte,
　mit Tomaten 42
Zanderfilet mit Basilikum-
　Käse-Sauce 63

Asiatisch

Fisch, süßsaurer,
　mit Mandelreis 71
Fischfondue, japanisches 86
Fischkroketten,
　thailändische 85
Fischpapillotes 64
Fischtopf, japanischer 82
Glattbuttfilets
　auf indische Art 40
Kurkumasuppe mit Lachs 11
Lachspäckchen in Honig-
　Senf-Sauce 49
Lachs-Thunfisch-Ragout
　mit Chinakohl und Reis 54
Lachs-Topinambur-
　Küchlein 37
Maki-Sushi mit
　Avocado und Forelle 80
Salat vom Rochenflügel 22
Sushi von Lachs,
　Thunfisch und Wolfs-
　barsch 81
Sushi, klassische,
　mit Fisch 84
Thunfisch mit mariniertem
　Kartoffelsalat 38
Thunfischsteaks
　mit Zitronengras
　und Tandoori 41

Alphabetisches Rezeptverzeichnis

Catfish 20
Cordon bleu von Seeteufel und Lachs 62

Dorade auf Zucchini-Safran-Sauce 74

Empanada mit Thunfisch-Paprika-Füllung 30

Feta 52
Fisch in Zellophan 89
Fisch, süßsaurer, mit Mandelreis 71
Fisch und Meeresfrüchte aus dem Dämpfkörbchen 90
Fischauflauf mit Fetakruste 52
Fischfondue, japanisches 86
Fischkroketten, thailändische 85
Fischpapillotes 64
Fischsalat, fruchtiger 18
Fischspieße, bunte 78
Fischsuppe, klare, mit Paprika 10
Fischsuppe mit Safransauce 12
Fischtopf, japanischer 82
Fischtopf, kanarischer 46
Fischtopf, mediterraner 16
Fish and chips 70

Glattbuttfilets auf indische Art 40

Haifisch 88
Haifischfilet, gegrilltes, mit Zucchinigemüse 88
Hechtterrine mit Lauch und Lachs 34
Heilbutt mit Bandnudeln 76

Kabeljau 77
Kabeljauloins auf Gemüse-julienne 77
Kartoffel-Spargel-Salat, lauwarmer, mit Catfish 20
Kurkumasuppe mit Lachs 11

Lachs mit Weinsauce 53
Lachsconsommé mit Gemüse 14
Lachsfilet mit rotem Zwiebelgemüse 56
Lachsforelle 50
Lachsforellen-Fenchel-Auflauf 50
Lachsforellenfilets mit Petersilienwurzeln 60
Lachsgelee mit Paprikajoghurt 32
Lachs-Kabeljau-Pastete in Blätterteig 24
Lachspäckchen in Honig-Senf-Sauce 49
Lachssalat mit Champignons 19
Lachsschiffchen 33

Lachssoufflé 36
Lachs-Thunfisch-Ragout mit Chinakohl und Reis 54
Lachs-Topinambur-Küchlein 37

Maki-Sushi mit Avocado und Forelle 80
Meerbarbenfilets mit Safransauce und Mangold 66

Nudel-Lachs-Salat auf Gurken 17

Quiche von Edelfisch 27

Räucherlachs-Wrap 31
Rochenflügel 22
Rotbarben mit Knoblauchkruste 67
Rotzungen, gebratene, mit Kartoffelgemüse 61

Safran 74
Salat vom Rochenflügel 22
Schollenkraftbrühe, klare, mit Kräuter-Crème-fraîche 15
Seezungenfilet auf Tomatenconcassé mit Pesto 72
Seezungenröllchen mit Basilikum-Tomaten-Sauce 48
Steinbeißer auf Gemüse 68
Steinbutt mit Austernpilzen 58

Sushi, klassische, mit Fisch 84
Sushi von Lachs, Thunfisch
 und Wolfsbarsch 81

Thunfisch 38
Thunfisch mit mariniertem
 Kartoffelsalat 38
Thunfisch-Blumenkohl-
 Kuchen 26
Thunfisch-Chicorée-Gratin 44
Thunfischsalat 23
Thunfischragout 45
Thunfisch-Sandwich
 „Black Hills" 29
Thunfischsteaks
 mit Zitronengras und
 Tandoori 41
Thunfischsteaks
 mit Zitronen-Knoblauch-
 Estragon-Sauce 47
Thunfischtaschen, gefüllte,
 mit Tomaten 42
Thunfisch-Teigtaschen 28
Tortillas mit Lachs und
 Jasminreis 35

Zanderfilet mit Basilikum-
 Käse-Sauce 63

kursiv: Infokasten

Im FALKEN Verlag sind zahlreiche Titel zum Thema „Essen und Trinken" erschienen. Sie erhalten sie überall dort, wo es Bücher gibt.

Sie finden uns im Internet: **www.falken.de**

Dieses Buch wurde auf chlorfrei gebleichtem und säurefreiem Papier gedruckt.

Der Text dieses Buches entspricht den Regeln der neuen deutschen Rechtschreibung.

ISBN 3 8068 2511 4

© 1999 by FALKEN Verlag, 65527 Niedernhausen/Ts.
Die Verwertung der Texte und Bilder, auch auszugsweise, ist ohne Zustimmung des Verlags urheberrechtswidrig und strafbar. Dies gilt auch für Vervielfältigungen, Übersetzungen, Mikroverfilmung und für die Verarbeitung mit elektronischen Systemen.

Umschlaggestaltung: Rincon^2 Design & Produktion GmbH, Köln
Gestaltung: Horst Bachmann
Redaktion: Elly Lämmlen
Umschlagfoto: City Food & Foto, Heinrich Bauer Service KG, Hamburg
Rezeptfotos: City Food & Foto, Heinrich Bauer Service KG, Hamburg: S. 2, 21, 25, 39, 41, 47, 49, 51, 59, 61, 67, 69, 73, 75. **Deutsche See,** Bremerhafen: S. 15, 43, 77, 89. **G. Fiedler PR,** Hamburg/ **Milchwerke Schwaben:** S. 63; **Surig-Essig-Essenz:** S. 57. **Ketchum GmbH,** München/ **Deutsches Teigwaren-Institut:** S. 17; **Kikkoman:** S. 55, 85, 91; **USA-Sonnenblumenkerne:** S. 29, 53. **Mazola,** Heilbronn: S. 79. **The Food Professionals Köhnen GmbH,** Sprockhövel: S. 45. **TLC Foto-Studio GmbH,** Velen-Ramsdorf: S. 8/9. **UMPR GmbH,** Hamburg/ **Oryza:** S. 65, 71. **FALKEN Archiv,** Niedernhausen: 1, 11, 13, 19, 23, 27, 31, 33, 35, 37, 81, 83, 87.
Weitere Fotos im Innenteil: FALKEN Archiv, Niedernhausen: S. 3, 4, 5, 6, 7
Produktion: Buch-Werkstatt GmbH, Bad Aibling

Satz: Buch-Werkstatt GmbH, Bad Aibling
Druck: Appl, Wemding

817 2635 4453 6271

Rezepte! Rezepte!! Rezepte!!!

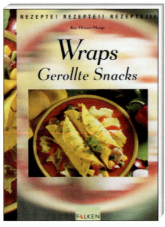

Von K.-H. Menge
ISBN: 3-8068-2380-4

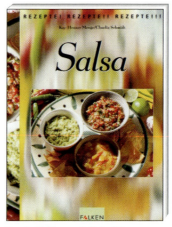

Von K.-H. Menge, C. Schmidt
ISBN: 3-8068-2286-7

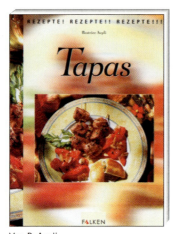

Von B. Aepli
ISBN: 3-8068-2379-0

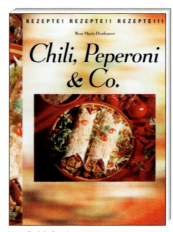

Von R. M. Donhauser
ISBN: 3-8068-1994-7

Alle Bände durchgehend vierfarbig,
96 Seiten, ca. 60 Farbfotos, kartoniert,
DM 16,90

Stand der Preise 1.7.1999 · Änderungen vorbehalten